BASTEI
LÜBBE

Über dieses Buch

Die Diagnose trifft Muriel wie ein Schlag: Brustkrebs! Und es ist nicht das erste Mal, dass Muriel Simon über einem dunklen Abgrund balanciert. In WIEDER IM LEBEN erzählt sie von den schmerzlichen Niederungen, die sie durchschreiten muss, und wie sie gestärkt und reich daraus hervorgeht. Denn zwei Jahre nach ihrer Diagnose weiß sie: Es gibt ein Leben nach dem Krebs!

Über die Autorin

Muriel Simon, geboren 1959 in Frankfurt am Main, studierte Opernregie am Salzburger Mozarteum. Mit den Jahren widmete sie sich mehr und mehr der Sprache und hängte ein Studium der Schauspielkunst und des Sanskrit an. Seit 1985 arbeitet sie als freischaffende Redakteurin und Lektorin. Muriel Simon lebt mit ihrer kleinen Tochter und drei spanischen Katzen über den Dächern Münchens. Zurzeit schreibt sie an ihrem zweiten Buch. Mehr zur Autorin unter www.muriel-simon.de

Muriel Simon

Wieder im Leben

Mein neuer Anfang nach der
Diagnose Brustkrebs

BASTEI
LÜBBE

BASTEI LÜBBE TASCHENBUCH
Band 61601

1. Auflage: Dezember 2006

Das vorliegende Buch beruht auf Tatsachen.
Sämtliche medizinischen Details wurden sorgfältig recherchiert.
Wir weisen dennoch ausdrücklich darauf hin, dass insbesondere die Medikamentenhinweise in keinem Fall einen Ersatz für die Untersuchung und Beratung durch einen Arzt darstellen oder als Grundlage einer Behandlung dienen können.
Eine Haftung des Verlages sowie der Autorin sind ausgeschlossen.

Zum Schutz der Rechte sämtlicher Personen wurden Namen, Orte und Details verändert.

Ein Projekt der AVA international GmbH Autoren- und Verlagsagentur, Herrsching
www.ava-international.de

Bastei Lübbe Taschenbücher
ist ein Imprint der Verlagsgruppe Lübbe

Originalausgabe

Umschlaggestaltung: Gisela Kullowatz
Titelbild: © Arne Bockelmann, München
Satz: Textverarbeitung Garbe, Köln
Druck und Verarbeitung: Ebner & Spiegel, Ulm
Printed in Germany
ISBN-10: 3-404-61601-4
ISBN-13: 978-3-404-61601-5 ab 01.01.2007

Für Friedel und Annik und Lin.
Y para ti, Jaime

INHALT

Schließe den Mund jetzt im Diesseits,
öffne im Jenseits ihn wieder,
Dass in der Welt, da kein Ort ist,
ewig ertönen die Lieder.

Dschelaladdin Rumi

VORWORT

von Konstantin Wecker

Muriel ist eine Freundin. Eine gute, eine geschätzte Freundin. Und das macht es mir nicht unbedingt leichter, über dieses Buch zu schreiben.

Ein Buch, das zu lesen ich lange hinausgezögert habe.

War es das Thema, das mich verunsicherte, war es der Respekt vor dieser warmherzigen, tapferen Frau, die Angst, es könnte mir nicht gefallen, und wie sollte ich ihr's dann sagen?

Und dann war ich von der ersten Seite an gefangen: von der Poesie, der Schönheit in all dem Schrecklichen und dem Witz eines Buches, das einen unweigerlich auf einen selbst zurückwirft.

»Sich selbst begegnen im Gedicht« nennt das Gottfried Benn, und ich bin mir selbst begegnet, mir, meinen Ängsten und vor allem meinen Verdrängungskünsten.

»Nie zuvor hatte ich mein Haar gemocht. Nun, es war hell, aber doch einen Ton zu dunkel, um blond zu sein, viel zu fein und überdies schnurgerade. Nie zuvor hatte ich mein Haar gemocht oder gar geliebt … so geliebt wie in diesen Tagen, in denen sein Verlust bevorstand …« Selten wurde mir so deutlich wie mit diesen Zeilen vor Augen geführt, wie rücksichtslos und dumm wir oft mit unseren Talenten wuchern. Im Angesicht des Unaussprechlichen verwandelt sich die Welt, und das Normale wird plötzlich zum Ereignis, das Gewöhnliche beginnt zu leuchten, der Augenblick wird zur Ewigkeit.

Vielleicht kann sich eine Frau noch besser mit der Autorin, ihrem Leben und ihrem Geschick identifizieren. Trotzdem ist dieser Roman kein »Frauenbuch«, es ist ein Buch der Wandlung, ein Buch über die Chance, im Schrecken sich selbst zu entdecken.

Und ich lernte durch Muriel ein Geheimnis der menschlichen Existenz besser kennen:

In den tiefsten Dingen sind wir – wie Rilke schreibt – zwar grenzenlos allein, aber gerade deshalb mit allem, was ist, tiefer verbunden als je zuvor.

Konstantin Wecker
Im Frühjahr 2006

KAPITEL 1

Jahrhundertsommer

Bei des Feuers mattem Flimmern,
Götter, Elfen, stellt euch ein,
Tanzet in den bunten Zimmern
Manchen leichten Ringelreihn!
Singt nach meiner Lieder Weise!
Singet! hüpfet! lose! leise!

Wirbelt mir mit zarter Kunst
Eine Not' auf jedes Wort;
Hand in Hand, mit Feengunst,
Singt und segnet diesen Ort!

William Shakespeare,
Ein Sommernachtstraum

Über den Dächern Schwabings, im Juni 2003

Schwüle lag in der Luft. Es war spät an einem Abend im Jahrhundertsommer, als die Kastanien so zeitig verdorrten, dass der Oktober sie erneut erblühen ließ. Vielleicht war dies ja ein Abbild jener Zeit, in der mein Leben sich von Grund auf wandeln sollte ... in der ein ungebetener Gast kam, der nach meinem Lebensfunken gierte und den Samen für eine neue Blüte zurückließ. Doch ich greife vor.

An diesem Abend stand die Luft förmlich in meiner kleinen Dachwohnung. Die Menschen drängte es hinaus auf die Straßen, denn es war zu heiß zum Schlafen. Auf den Plätzen bildeten sich kleine Trauben vor den Kneipen; Musik und Stimmen erklangen aus weit geöffneten Fenstern. Das Leben spielte sich mehr und mehr im Freien ab. Auch mich drängte es hinaus, hinaus ins Leben ...

Aber nicht an diesem Abend. Da saß ich an meinem Schreibtisch. Berge von Arbeit stapelten sich links und rechts und unter mir. Schon eine Weile brütete ich über einem Text, der einfach nicht fließen wollte. Ich arbeitete als freischaffende Redakteurin, und seit meine siebenjährige Tochter Lara zur Schule ging, lebten wir nicht schlecht davon. Ich schrieb morgens, hatte nachmittags Zeit für sie, und abends arbeitete ich weiter, meist bis tief in die Nacht hinein. Wann immer möglich, zog ich die Notbremse, packte mein Notebook ein und floh mit Lara ans Meer.

Natürlich hatte diese Art zu leben auch ihren Preis; Freunde oder ein intensives Privatleben waren in den letzten Jahren auf der Strecke geblieben. Doch wenn ich ehrlich zu mir war, lief mir das gar nicht so zuwider. Ich hatte noch kein Rezept fürs Leben gefunden, und von daher zog ich es vor, mich erst einmal abzukapseln. Die viele Arbeit bot mir ein willkommenes Alibi.

Obwohl … Der Jahrhundertsommer beschwor auch in mir Sehnsüchte herauf. Wie es wohl wäre, wieder abends unter Bäumen mit Freunden zu sitzen, zu reden und ein Glas harzigen Wein zu trinken? Straßenmusikern zu lauschen, im Freilichtkino zu picknicken. Den Nachtwind auf der Haut zu spüren. Michael zuzuhören, wie er von seinen Wüstenfahrten erzählte. Michael … Er bemühte sich derzeit nach Kräften, meine Schranken zu überwinden, verschlossene Türen aufzustoßen und mich hinaus ins Leben zu zerren. Aber noch scheiterte er an meinem beständigen Nein. Noch …

Kurz nach eins. Ich riss mich zusammen. Der Text! Längst war der Wecker auf sieben gestellt, im Spülbecken wartete der Abwasch von zwei Tagen. Schweißtropfen standen mir auf der Stirn. Während ich auf den Bildschirm starrte und Selbstfabriziertes las, stützte ich mich ab, die rechte Hand unter der Achsel, die linke nachdenklich am Kinn. Zufrieden war ich noch immer nicht. Ich überlegte.

Doch was war das?

Verunsichert tastete ich nach der harten Stelle, die ich eben noch durch Zufall gefühlt hatte. Da war ein Knoten, etwa eine Handbreit unter meiner rechten Achsel. Seltsam, der war mir noch gar nicht aufgefallen.

Ich suchte die entsprechende Stelle auf der anderen Seite; das tat ich immer, wenn mir etwas sonderbar vorkam. Denn die Wahrscheinlichkeit, dass sich zwei böse Knoten in vollkommener Symmetrie bildeten, schätzte ich als verschwindend gering ein. Im Grunde hatte ich mich in dem obskuren Gewirr von Lymphknoten und Drüsen nie ausgekannt. Und ehrlich gesagt hätte ich es irgendwie albern gefunden, meine Achseln und Brüste ständig abzutasten. Das überließ ich meiner Ärztin, und ich war doch erst bei ihr gewesen, vor sechs, sieben Monaten vielleicht.

Diesmal suchte ich vergebens. Was heißt suchen – ich drückte und bohrte, fand aber nichts, was dem Knoten auf der rechten Seite gleichgekommen wäre. Eine eigentümliche Unruhe befiel mich.

In den Stapeln unter dem Schreibtisch suchte ich nach einem medizinischen Lexikon. Mein Pschyrembel war schon älter, aber gewiss würde ich darin etwas über Zysten finden. Was sollte es sonst sein? Z wie Zysten …, dachte ich und schlug unter Brustkrebs nach. »Siehe Mammakarzinom«, stand da. Ich blätterte vor.

»Mammakarzinom … heute häufigster maligner Tumor der Frau, tritt v. a. zw. dem 45. und 70. Lj. auf.« Gut so, ich war jünger. Schnell überflog ich den restlichen Text. »Hochverdächtig auf ein Mammakarzinom ist jeder einseitige Knoten in der Brust, besonders wenn er sich derb und höckrig anfühlt.«

Ich tastete. Nein, derb und höckrig war das nicht, was da unter meinen Fingern lauerte.

»Der Knoten ist häufig mit der Haut verwachsen.«

Ich gab mir Mühe, bewegte ihn hin und her. Das ging. Also nicht mit der Haut verwachsen! Ich überflog die Tumorklassifikationen, mein Blick fiel auf die Prognose.

»Inf. der frühen lymphogenen Metastasierung (30-50% schon bei Stadium T1) erleiden mind. 50% der primär behandelten Frauen ein Rezidiv; von diesen sterben etwa 70% in den folgenden drei Jahren.«

Damit war klar: Ich hatte eine Zyste. Für eine allein erziehende Mutter war schon eine Grippe ein Ding der Unmöglichkeit, da konnte ich mich doch nicht auf Mortalitätsraten von plus/minus 50 Prozent einlassen!

Ich schlug das Lexikon zu und zwang mich zurück an den Computer.

Katzenspiele, viel zu nah …

Titi und Mignon waren aufgewacht. Sie bildeten die spanische Hälfte unserer kleinen Familie; ich hatte sie eines Tages aus La Palma mitgenommen, halb verhungerte Fellknäuel, die die Mülltonnen durchstöberten, welche ihr Nest gewesen waren. Ich sah ihnen zu, wie sie Anlauf nahmen, um das Sofa zu zerstören.

Brustkrebs, nein, das waren doch andere Frauen, solche, die vermutlich einen Groll auf ihren Mann und die ganze Welt in sich trugen. Ich dagegen war heilfroh, allein zu sein, meine Ruhe zu haben. Laras Vater spielte schon lange keine Rolle mehr in unserem Leben, und das war nur gut so.

Brustkrebs, nein, das konnte nicht sein.

Doch ein Teil von mir wusste es besser.

Am nächsten Morgen, als ich Lara zum Schulbus gebracht hatte, rief ich in der Klinik an, in der ich entbunden hatte. Dort bin ich gut aufgehoben, falls tatsächlich etwas ist, dachte ich im Stillen.

Ich ließ mich mit der Ambulanz verbinden, stellte mich vor. »Ich habe einen Knoten unter der Achsel getastet. Er ist beweglich« (das musste schließlich gesagt werden!), »also ist es wohl sicher nur eine Zyste. Ich habe auch lange gestillt …« (Was ebenfalls gegen Krebs sprach, wie ich gelesen hatte!)

Die Schwester schlug vor, die nächste Menstruation abzuwarten, da sich in jenen Tagen geschwollene Drüsen meist zurückbilden. Sollte der Knoten nicht verschwunden sein, bekäme ich sogleich einen Termin.

Erleichtert legte ich auf. Und griff wieder zum Hörer, um das neue Kindermädchen anzurufen und zu fragen, ob sie sich vorstellen könne, ein paar Tage bei uns zu wohnen und sich um Lara zu kümmern. Nur für den Notfall, falls ich einmal ins Krankenhaus müsste.

Sophie machte eine Ausbildung zur Altenpflegerin; sie war zuverlässig und immer froh, sich ein wenig dazuzuverdienen. Und Lara mochte sie.

Lara …

Was, wenn es doch keine Zyste war? Angst packte mich am Genick und schüttelte mich durch.

Lara war eigen, sie verschenkte ihr Vertrauen nicht leichtfertig. Und sie war kein Kind, das so mir nichts, dir nichts zu Freunden oder gar Nachbarn ging. Alles, was neu war und fremd, erforderte Überredungskünste und Zeit, viel Zeit.

Während ich da stand und den Gedanken an Krebs näher an mich heranließ, hatte ich das Gefühl, als täte sich ein Abgrund vor mir auf. Eine Schlucht, die kaum zu überwinden war. In ihrer Tiefe lauerte Dunkelheit, die danach trachtete, sich über mein kleines glückliches Leben zu stülpen und es zu ersticken.

Mir wurde schwindelig. Und im Zentrum dieses Schwindels wartete ein Gedanke darauf, zu Ende gedacht zu werden.

Was, wenn ich Brustkrebs hatte und stürbe? Was wäre dann mit Lara?

Mit Macht drängte ich solche dummen Überlegungen in die Ecke.

Hatte ich nicht noch Quark im Kühlschrank? Während der Stillzeit, wenn alles drückte und schmerzte, half doch angeblich ein Quarkwickel gegen Staus, Zysten und was auch immer. Also versuchte ich mich an dem ersten Quarkwickel meines Lebens, legte mich aufs Sofa und schnappte mir das Notebook. Ein junger deutscher Autor hatte einen Roman über ein seltsames phantastisches Völkchen geschrieben, den ich überarbeiten sollte. Nur zu gern ließ ich mich in seine Welt entführen, wo umtriebige Gestalten ihre Äxte schwangen, und amüsierte mich über den trockenen Humor zwischen den Zeilen.

Nach einer halben Stunde schaltete ich auf Stand-by und nahm den Quarkwickel ab. Bildete ich es mir nur ein, oder war der Knoten wirklich kleiner geworden?

Die folgenden Tage erlebte ich als Grenzgängerin zwischen Licht und Schatten. Alltag war Licht. Ich ließ mich von Arbeit und Pflichten absorbieren, während ein Teil meiner selbst im Hintergrund bereits einen Katastrophenplan erstellte.

Die Grenze, bis zu der ich denken konnte, ohne in Panik zu geraten, lag bei einer Operation. Wo sollte ich Lara unterbringen, wer würde die Katzen versorgen? Reichte das Geld, das ich für harte Zeiten gespart hatte, für das Kindermädchen und einige freie Wochen?

Hinter jener Grenze lag das Land der Schatten. Sein Boden waren Sumpf und Moor, der Himmel blieb verhangen; vielleicht war jeglicher Wind längst gestorben. Ich mied es.

Und ich sagte auch niemandem etwas. Warum sollte ich die Pferde scheu machen, warum meine Freundinnen wegen Unwägbarkeiten belasten? Und doch …

Quark jedenfalls konnte ich bald keinen mehr sehen.

Tage des Grenzgangs verdichteten sich zu Stunden. Als die Frist verstrichen war, in der sich der Knoten hätte zurückbilden sollen, rief ich erneut in der Klinik an und vereinbarte einen Termin. Nächsten Dienstag …

Dienstag, so sagte ich mir, würde ich abends mit Lara zum kleinen Italiener an der Ecke gehen und feiern. Wir würden Tagliatelle mit Pfifferlingen essen und Panna cotta mit hausgemachter Himbeersoße. Dann würde ich mir eine Pause gönnen, meinen Freundinnen erzählen, welch alberne Sorgen mich umgetrieben hatten, und richtig Ferien machen, ein paar Tage zumindest. Und vielleicht … vielleicht würde ich dann sogar vom Leben kosten, ganz vorsichtig nur.

Sonntagnacht – ich saß über der Arbeit und war wegen meiner ständigen Grübeleien ganz schön im Verzug – läutete das Telefon. Es war Michael.

»Vergräbst du dich wieder hinter deinen Manuskripten?«, begrüßte er mich.

»Hm, ja, ich kann auch nicht lange telefonieren.«

Er lachte. »Irgendwoher kommt mir das bekannt vor. Aber ich habe nicht vor, dich in Ruhe zu lassen. Erst wenn du einwilligst, mit mir essen zu gehen.«

»Nächste Woche ist ziemlich voll bei mir. Vielleicht danach …« Ich konnte es nicht ausstehen, wenn er mich drängte. Gleichzeitig fühlte ich mich ein wenig geschmeichelt. Er war ein attraktiver Mann, blond, groß wie ich und hatte Arabisch und Kunstgeschichte studiert. Irgendwann hatte er die Arbeit an den Nagel gehängt und war aufgebrochen, die Schönheit der arabischen Steinwüste zu erforschen. Vielleicht fand er deshalb meine herbe Abwehr so berückend.

»Nächste Woche, oder ich komme jetzt gleich vorbei und hole dich vom Schreibtisch weg.«

»Ich sitze auf meinem Sofa.« Das war bequemer, wozu hatte man denn ein ambulantes Büro?

»Muriel … bitte. Du kannst dich doch nicht ständig vergraben. Bei allem, was du über das Leben weißt, ist es geradezu lächerlich, wie du dich in deine kopfige Welt zurückziehst.«

Diese Diskussion hatten wir schon oft geführt, und sie gefiel mir nicht. Ich wollte nicht, dass er meine Schilde durchdrang. Sie standen nicht ohne Grund. Ich mochte nicht zurückdenken, ich wollte allein sein, das war sicherer und tat nicht weh.

Natürlich waren da auch Bedürfnisse – nach flirrenden Gesprächen, nach einem Arm um meine Schultern, einem zärtlichen Blick. Ich spürte sie mehr denn je.

»Also gut«, sagte ich seufzend. »Mittwoch um zehn. Dann können wir frühstücken gehen.«

Er freute sich. Vielleicht war es seine plötzliche Bescheidenheit, die mich für ihn einnahm.

Leise freute ich mich auch.

Als die schwere Eingangstür des Krankenhauses hinter mir zufiel, kam es mir so vor, als beträte ich eine fremde Welt, die zwar parallel, doch gut verborgen vor der unseren lag. Hier herrschte eine andere Geschwindigkeit; statt hastender Menschen auf staubigen Straßen schlurften Frauen in Bademänteln durch die Korridore. Und statt Aktentaschen und Coffee to go hatten sie ihre Drainagefläschchen unter den Arm geklemmt. Mir schien es auf einmal absurd, wie wir die Welt der Kranken in unserem täglichen Leben ausklammern. Als schickten wir all jene, die nicht funktionieren, in die Verbannung, vorübergehend oder für immer.

Ich nahm die Treppe in den zweiten Stock. Dr. Gyliós, meine Frauenärztin, war wegen eines Notfalls im OP. Nach einer Weile kam eine Assistenzärztin des Weges, tastete den Knoten und schickte mich zur Mammographie.

Dort warteten schon andere Patientinnen. Verstohlen betrachtete ich sie. Eine der Frauen, die mir gegenübersaßen, war auffallend nervös. Sie mochte Ende fünfzig sein, trug ein pinkfarbenes Kostüm, hohe Schuhe in derselben Farbe, ein blumiges Halstuch von Kenzo. Ihre Finger, manikürt, gepflegt, spielten zwanghaft mit dem Riemen der Handtasche, ebenfalls pink. Ich verwickelte sie in ein Gespräch.

Acht Jahre waren vergangen, seit sie an Brustkrebs erkrankt war; heute kam sie zur Nachuntersuchung. Nackte Angst kauerte hinter den Bonbonfarben. Ich sah sie in neuem Licht, als ich mir vorzustellen versuchte, wie es ihr damals wohl gegangen sein mochte.

Bald erzählten auch die anderen Frauen ihre Geschichte. Sie sprachen von ihrer Krankheit, dem Schock, von der Demontage des Selbstwertgefühls und dem stückweisen Wiederaufbau. Von ihren Narben an Körper und Seele und wie sie damit lebten.

»Und Sie? Warum sind Sie hier?«

Ich räusperte mich. »Ich habe einen kleinen Knoten getastet. Aber er lässt sich bewegen. Wahrscheinlich ist es nur eine Zyste. Ich lasse trotzdem eine Mammographie machen. Vorsichtshalber.« Am liebsten wäre ich auf der Stelle davongelaufen. Ich war hier nur zu Gast! Ich wollte nicht hier sitzen, mir das alles anhören und am Ende noch mitreden. Ich gehörte nicht dazu!

»Ach, Sie sind ja noch jung«, meinte die Frau links neben mir.

Ich stand auf. »Ich muss mir ein bisschen die Beine vertreten. Viel, viel Glück Ihnen allen!«

Bald wurde ich aufgerufen. Da der Knoten dicht unter der Achsel saß, gestaltete sich die Mammographie unerwartet schwierig. Nach zwei Versuchen rief mich die Radiologin zu sich, eine Frau Mitte dreißig, mit klaren blauen Augen und Wärme in der Stimme.

Sie deutete auf die Wand. Vor leuchtendem Glas klemmten meine Röntgenbilder. Ich sah diffuse graue Wirbel. Am äußersten rechten Rand prangte wie abgeschnitten ein schwarzer Schatten.

»Wir müssen eine weitere Aufnahme machen«, sagte sie. »Ich kann Sie nicht einfach so gehen lassen. Wir müssen uns diesen Knoten genauer ansehen.«

Mein Mund wurde trocken. Alles beschleunigte sich, mein Puls, meine Atmung, meine Gedanken. Sie rasten.

Die dritte Mammographie brachte ich wie in einem Albtraum gefangen hinter mich. Als ich eine Viertelstunde später ins Untersuchungszimmer gerufen wurde, sah ich den Knoten in seinem ganzen Ausmaß. Er erinnerte mich an eine große Stachelbeere, oval, von Äderchen durchzogen.

Er gefiel mir nicht, er gehörte nicht dorthin. »Was ist das?«, fragte ich.

»Ich mache noch einen Ultraschall. Wenn wir Glück haben, ist es eine Zyste, und ich kann sie Ihnen gleich punktieren.«

Binnen Minuten wurde klar: Es war keine Zyste.

Die Stimmung um mich herum wandelte sich. Hatten wir eben, während des Ultraschalls, noch über unsere Kinder geplaudert, schlichen sich mit einem Mal Ernst und Sachlichkeit ein, alles wurde dringend. Die Lymphknoten der Achsel und am Hals wurden geschallt. Ich willigte in eine Stanzbiopsie ein. Zwei-, dreimal knallte es laut, als das Gewebe entnommen wurde, dann war es vorbei. Der Einstich blutete stark, ich bekam einen festen Verband angelegt.

»Wir müssen nun das Ergebnis der Biopsie abwarten. Kommen Sie morgen wieder«, trug mir die Radiologin auf.

Aber so konnte ich nicht gehen. »Ich habe eine Bitte«, begann ich. »Sie sehen hier den ganzen Tag Tumoren. An jedem hängt ein Schicksal, das mit anderen verknüpft ist.« Ich hielt inne, suchte ihren Blick. »Was ist Ihr Eindruck? Kann es ein Mammakarzinom sein, was da in meiner Brust hockt? Ich möchte es ganz ehrlich wissen. *Bitte.*«

Sie sah mir in die Augen. »Genau kann ich es nicht sagen, das ist Ihnen sicher klar. So wie es aussieht, würde ich meinen, der Knoten ist mit fünfzigprozentiger Wahrscheinlichkeit bösartig. Gut ist, dass er noch relativ abgegrenzt aussieht. Schlecht ist, dass er Blutgefäße aufweist. Morgen wissen wir mehr.«

Ich dankte ihr für ihre Offenheit und wandte mich zum Gehen.

Die Straßen waren leer. Jeder suchte Schutz vor der sengenden Sonne. Der feste Wickel machte mir das Atmen schwer. Vielleicht war es ja auch meine Angst.

Lara wäre gern schwimmen gegangen, doch das war an diesem Tag nicht möglich. Ich zeigte ihr den Verband.

»Was hast du denn gemacht? Das sieht ja komisch aus«, meinte sie.

Ich wollte sie nicht beunruhigen. Noch gab es die Möglichkeit, dass der Tumor gutartig war. Eine Fettgeschwulst vielleicht! Lenskij, mein Tigerkater, hatte im hohen Alter ein Lipom in der Leiste gehabt. Mit Verdacht auf Krebs hatte der Tierarzt zum Skalpell gegriffen, aber es war nur eine Fettgeschwulst gewesen. Damals war mir ein Stein vom Herzen gefallen. Warum war ich nicht früher darauf gekommen? Das musste es sein, eine Fettgeschwulst!

Lara zupfte am Verband.

»Unter der Haut habe ich eine harte Stelle«, erklärte ich ihr. »So etwas muss man immer gleich untersuchen lassen. Morgen weiß ich mehr.«

»Können wir dann was spielen?«

»Ja, such dir etwas aus. Aber nicht ›Labyrinth‹. Dazu bin ich zu dumm.« Ich war erleichtert, dass sie nicht weiter bohrte. Herz und Angst lagen mir auf der Zunge, doch mit ihren sieben Jahren war sie nicht die richtige Ansprechpartnerin für die Sorgen, die mich niederdrückten.

»Aber das macht so einen Spaß!«

Schon hatte sie das gefürchtete Spiel aufgebaut. Seufzend suchte ich mir einen Weg zu der Schatztruhe, die sich hinter beweglichen Mauern verbarg. Nach drei Zügen hatte ich mich selbst hinausgeworfen. Die nächste Partie wurde nicht besser. Diesmal blieb mein Ritter im Spiel, aber ich warf die Schatztruhe hinaus. Lara lachte Tränen. Ich zählte die Stunden bis Mittwochmorgen.

Eigentlich hatte ich frühstücken gehen wollen mit Michael. Draußen, im Schatten alter Bäume. Am Abend, als Lara schlief, rief ich ihn an. Vielleicht hatte ich Glück, und er war nicht zu Hause; dann konnte ich ihm auf den Anrufbeantworter sprechen und das Treffen ins Ungewisse verschieben. Sonst bin ich doch nicht so feige, sagte ich mir traurig.

Er nahm schon beim zweiten Läuten ab.

»Hallo, ich bin's, Muriel. Wegen morgen … Mir ist da dummerweise etwas dazwischengekommen.«

Es wurde ein unangenehmes Gespräch. Zum dreiundvierzigsten Mal hörte ich mir an, was ich in meinem Leben alles falsch machte. Diesmal fand er mein Nein überhaupt nicht charmant. Wahrscheinlich war er enttäuscht oder … Ein hässlicher Gedanke stahl sich hinter meine Stirn. Vielleicht war all das ja einfach nur ein Spiel für ihn, eine vergnügliche Jagd nach verschreckter Beute. Ich unterbrach ihn.

»Hör zu. Ich muss zu einer Untersuchung, die nicht sehr lustig ist.«

»Dann melde dich halt, wenn es dir wieder besser geht«, sagte er und legte auf.

Gefangen …

Ich lief in meiner kleinen Wohnung auf und ab. Käfigwände, Türen ohne Schloss. Die Decke viel zu niedrig. Kein Raum, um zu fliehen. Gefangen zwischen Warten und Hoffen.

Zehn Prozent der Frauen erkranken in Deutschland im Lauf ihres Lebens an Brustkrebs. In meinem Kopf ratterte es, ich rechnete nach. Zehn von hundert, eine von zehn.

Im Erdgeschoss wohnte eine Frau, sie war vor zwei Jahren an der Brust operiert worden. In unserem Haus lebten … achtzehn Frauen. Eine von zehn, eine von achtzehn? Zwei von achtzehn? Im Nachbarhaus … neun Frauen. Letztes Jahr erst war eine ältere Türkin an der Brust operiert worden. Ihr ging es wieder besser. Ich dachte an die Frauen in unserem Haus. Ob wohl eine von ihnen den freien Platz in der Statistik einnehmen würde? Oder ich?

Mein Blick fiel auf die Uhr. Erst halb elf.

Ich legte den Verband ab, nahm ein kühles Bad. Dann beschloss ich, Alma anzurufen. Bisher hatte ich mich ausgeschwiegen, doch nun brauchte ich jemanden, brauchte einen Menschen, der mir die Daumen drückte.

Alma war meine sieben Jahre ältere Schwester. Sie wohnte allein in einer gemütlichen Zweizimmerwohnung am Stadtrand von Frankfurt. Anders als ich, die Nestflüchterin, hatte sie ihren Geburtsort nie für lange Zeit verlassen. Vierhundert

Meter von ihrer Wohnung entfernt waren wir aufgewachsen, und dreihundert Meter in der anderen Richtung lag der Friedhof mit dem Grab meiner Eltern, um das sie sich Tag für Tag kümmerte.

Sorge erfasste sie, als sie von meiner Untersuchung hörte. Durchs Telefon hörte ich, wie sie den Atem einsog. Bestimmt hatte sie sich eine Zigarette angezündet. Dann hakte sie nach, schimpfte, dass ich sie nicht schon früher eingeweiht hatte.

Mit tat es gut, endlich mit einem vertrauten Menschen darüber zu reden, meine Ängste zu offenbaren. Gemeinsam zu hoffen. Und doch …

Ich fühlte mich wie ein schwarzes Schaf. Es gelang mir nicht einmal, meine Gesundheit auf die Reihe zu bringen.

»Hör zu, Muriel«, sagte sie eindringlich. »Selbst wenn es Brustkrebs sein sollte, ist das nicht das Ende. Die meisten Patientinnen werden heutzutage geheilt.«

»Auch ewige schwarze Schafe?«

Sie musste lachen. »Denk doch mal an diesen ausgemergelten Radrennfahrer, der gerade wieder in die Pedale tritt …« Ihre Sprache hatte immer etwas Harsches, wie ihre Scherze auch. Dabei wusste ich nur zu genau, dass sich hinter der harten Kruste eine empfindliche Seele verbarg.

Natürlich hatte ich von Lance Armstrongs Genesung gehört. In diesem Sommer wollte er erneut zur Tour de France antreten. Unglaublich! Aber …

»Ich bin kein Prominenter.«

»Meinst du, die haben Sonderverträge? Also hör mal, auch du kannst das schaffen. Aber noch wissen wir ja gar nichts Genaues.«

»Ich mache mir Sorgen um Lara«, erwiderte ich. »Was ist, wenn ich operiert werden muss? Das Kindermädchen könnte hier schlafen. Aber wenn es länger dauert …«

»Dann komme ich. Versprochen.«

Ich atmete auf.

»Jetzt versuch erst einmal zu schlafen. Morgen wissen wir mehr. Und dann gibt es was zu feiern.«

So zuversichtlich, wie sie sich mir gegenüber gab, war sie in Wirklichkeit gewiss nicht. Auch sie hatte ihre Geschichte, war lange Jahre krank gewesen und hatte über Abgründen geschwebt.

Aber sie würde mir die Daumen drücken.

Ich legte auf und trat auf den Balkon. Der Himmel war leicht bedeckt. In dieser Nacht waren keine Sternschnuppen zu sehen.

Am kommenden Morgen fuhr ich in aller Frühe in die Klinik. Doch noch war kein zytologisches Ergebnis eingetroffen. Man bat mich, eine Stunde zu warten. Im Stillen seufzte ich.

Sechzig lange Minuten, sechzig mal sechzig Sekunden. Im Wartebereich stand ein Aquarium. Ich umrundete es wieder und wieder, beschloss in meiner Unruhe, die Fische zu befragen. Ein roter Fisch hieß »Krebs«, ein blauer »kein Krebs«. Ich kniff die Augen zu. Als ich sie öffnete, kam ein schwarzer dahergeschwommen.

Wieder drehte ich Runden, getrieben, getrieben. Tage des Wartens hatten sich zu Stunden reduziert und Stunden zu Minuten. Bald meinte ich, das Warten nicht länger aushalten zu können. Meine Unruhe wuchs und ballte sich in mir, machte mich zerbrechlich. Ich ging hinaus in den Klinikgarten. Aufs Neue schien die Sonne gnadenlos herab, und sie versengte das Gras und ließ die Bäume dürsten. Ich suchte Schatten, vergebens.

Die Zeit verstrich. Und hatte ich mir eben noch gewünscht, sie voranzutreiben, wurde ich unsicherer, je mehr sich der Zeiger der vollen Stunde näherte. Auf einmal erschien mir die Zeit als Verbündete, ich wollte sie festhalten, die Gegenwart bannen. Sollte das Ergebnis ein schlechtes sein, so waren dies meine letzten gesunden Minuten! Und ich hatte sie vertreiben wollen … Was war denn nur los? Ich hatte doch gar keine Schmerzen, keine Beschwerden. Was hatte ich da nur getastet? War das Tod, Tod unter meinen Fingern? Einfach so?

Es wurde Zeit hineinzugehen, mich der Wahrheit zu stellen. Ich betrat die Anmeldung.

»Ah, Frau Simon. Dr. Gyliós lässt ausrichten, dass sie in den OP musste. Sie kommt so bald wie möglich zu Ihnen.«

»Äh … ist das Ergebnis denn eingetroffen?«

»Das weiß ich leider nicht. Nehmen Sie doch bitte dort hinten Platz. Wir rufen Sie auf.«

Warten, wieder warten. Irgendwann nahm eine zierliche Frau neben mir Platz. Auch ihr wurde das Warten lang, sie suchte ein Gespräch. Jeden dritten Tag kam sie zum Verbinden. Erst hatte man ihr einen Tumor entfernt, dann hatte sie sich die andere Brust verkleinern lassen.

»Müssen Sie denn auch eine Chemotherapie machen?«, fragte ich sie. *Chemotherapie* … Das Wort allein beschwor düstere Assoziationen in mir herauf. Es klang nach Haarverlust und Übelkeit, nach Vergeblichkeit, die einem das Leben vor dem Tod vergällte. Nicht, dass ich mich genauer ausgekannt hätte. Brustkrebs, das hatten doch eigentlich andere.

»Nein, mein Tumor ist hormonabhängig«, meinte die Frau, »da ist keine Chemotherapie angesagt. Also muss ich Hormontabletten nehmen. Und ich soll bestrahlt werden, sobald die Wunde verheilt ist.«

Ich merkte, wie fremd ich war in diesen Gefilden, hatte ich sie doch geflissentlich gemieden. Auf den Tischen lagen mehrere Ratgeber aus. Als die Patientin in den Verbandsraum gerufen wurde, nahm ich mir eine der Broschüren und sammelte erste Informationen.

Anscheinend hat sich viel getan in den letzten Jahren, dachte ich, während ich las. Doch nirgends stand, wie man all das mit einer kleinen Tochter schaffen konnte, für die man allein verantwortlich war. Ich geriet ins Grübeln.

Dr. Gyliós eilte über den Gang. Kurz hielt sie inne. »Ich habe noch kein Ergebnis, aber in einer Stunde wissen wir mehr.«

Ich nickte nur. Längst dröhnte mir der Kopf von all den fremden Schicksalen. Die Stühle neben mir waren nach und nach besetzt worden. Frauen kamen zur Mammographie; manche hatten etwas getastet, sie waren in greller Sorge. Ihre Gespräche umkreisten mich, schnell und schneller. Geflüsterte Hoffnungen, Zweifel, Fassungslosigkeit breiteten sich aus, und die Luft wurde immer schwerer in dieser Welt, die hinter den Kliniktüren lauerte.

Andere Frauen kamen zu einer Routineuntersuchung. Manche von ihnen galten als Risikopatientinnen, weil ihre Mütter, ihre Schwestern Brustkrebs hatten. Ich dachte an Alma und an Gina, meine älteste Schwester. Hoffentlich … hoffentlich war alles in Ordnung!

Eine redselige Frau mit schwarzem Haar und in einem bunten Kleid setzte sich neben mich. Sie stellte sich als Conchita Rodriguez vor. Drei Jahre zuvor war sie aus Venezuela nach Deutschland gekommen, um sich hier eine Arbeit zu suchen.

»Sie sind doch hoffentlich nicht krank?«, fragte ich sie.

»Nein, ich bin eine Risikopatientin«, erklärte sie mit starkem spanischem Akzent.

»Ihre Mutter?«

»Nein, meine Schwester ...« Traurig schüttelte sie den Kopf. Ihre ältere Schwester, die um die fünfzig sein musste, war im Winter an Brustkrebs erkrankt. Sie war operiert worden, doch das reichte nicht aus. »Sie braucht unbedingt eine Chemotherapie.«

»O weh«, sagte ich und spürte einen Stich. »Das ist sicher nicht einfach. Ist sie denn allein?«

»Nein, sie hat fünf Kinder. Meine Neffen und Nichten ...« Conchita lächelte flüchtig und kramte in ihrer Tasche. »Doch ihr Mann hat keine Arbeit. Sie können die Therapie nicht bezahlen. Aber sie braucht eine Chemo!« Sie förderte ein Foto zutage. Es zeigte eine lebenslustige Frau im Kreis ihrer Familie; die Kinder waren schon größer.

Conchita schüttelte ratlos den Kopf. »Die Frauen hier wissen gar nicht, wie gut sie es haben, dass sie sich über die Bezahlung keine Gedanken machen müssen. Mein Mann und ich arbeiten seit einem halben Jahr doppelte Schichten. Jetzt haben wir das Geld zusammen für die ersten drei Chemos. Aber sie braucht wahrscheinlich mehr.«

Ein Schamgefühl beschlich mich. Unter diesem Gesichtspunkt hatte ich die Chemotherapie noch nie betrachtet.

Conchita wurde zur Untersuchung gerufen, wir wünschten uns Glück. Ihre Geschichte hatte eine Wegmarke in die Landschaft meiner Gedanken gesetzt. Wohin der Pfad führte, wusste ich noch nicht zu sagen. Doch wie vieles von Bedeutung war er steinig und gewunden.

Als die Uhr zwölf schlug, wurde ich unruhig. Um halb eins musste ich den Heimweg antreten, sonst stünde Lara vor verschlossener Tür. Eine Viertelstunde später wurde ich aufgerufen.

»Ich muss gleich gehen«, begrüßte ich meine Frauenärztin. Ich kannte sie seit nunmehr vier Jahren und vertraute ihr bedingungslos. Vielleicht würde sie nettere Dinge sagen, wenn ich mich gar nicht erst hinsetzte. Schließlich hatte ich zum Kranksein wirklich keine Zeit.

Ihre großen Augen waren wie Fenster zu ihrer Seele. Als sie mich ansah, wusste ich Bescheid. Sie wirkte betroffen, was mich leise berührte. Schließlich war ich kein Einzelfall. Doch ich war es für sie, wie jede ihrer Patientinnen.

»Ich hätte Ihnen so gern etwas anderes gesagt«, begann sie. »Wir haben noch nicht alle Ergebnisse, einige spezielle Untersuchungen dauern etwas länger. Doch sicher ist die Tatsache, dass es sich um ein aggressives Mammakarzinom handelt.«

Ich sank auf den Stuhl, schwieg geraume Zeit. »Das heißt also Operation?«, fragte ich schließlich, während in meinem Hinterkopf in Windeseile der Katastrophenplan Gestalt annahm.

Sie schüttelte den Kopf. »Unter Umständen werden wir zuerst eine Chemotherapie veranlassen und dann operieren. Sie sind noch jung, der Tumor wächst schnell und ist über zwei Zentimeter groß.«

Mir war das klein vorgekommen. Doch ich schwieg; es war bereits halb eins, ich musste dringend nach Hause. Lara würde sonst in Panik geraten.

»Wir müssen davon ausgehen, dass er gestreut haben kann. Das heißt nicht, dass Sie schon Metastasen haben. Es geht uns in erster Linie um mögliche Mikrometastasen, die wir mithilfe einer Chemotherapie ausmerzen wollen.«

Ich stand auf. »Ich muss gehen, meine Tochter steht sonst vor der Tür.« Hatte sie denn vergessen, dass ich eine kleine Tochter hatte? Brustkrebs? Mikrometastasen? Das konnte doch alles nicht wahr sein!

»Bitte kommen Sie am Montag um neun für drei Tage in die Klinik. Wir müssen ein *Staging* machen, also Blutwerte, Ultraschall, Röntgen, Szintigramm … Es ist wichtig, dass wir alles genau untersuchen. Dann haben wir auch die anderen Ergebnisse und können über eine Therapie entscheiden.«

Ich machte mich zur Flucht bereit, verabschiedete mich eilig.

Montag. Klinik. Genau untersuchen. Für drei Tage. Das hatte ich verstanden.

Als ich die Straßen entlang zum Bus hastete – Straßen, deren Asphalt weich war von der Hitze –, fühlte ich mich unversehens fremd in dieser Welt. Wie eine Flüchtige mischte ich mich unter die Gesunden, doch wollte ich nicht wahrhaben, dass mein Platz fortan woanders war.

Im Bus stand die Luft. Auch so wäre es schwer gewesen zu atmen. Lara … wie sollte ich es ihr sagen? Meine Gedanken hetzten umher wie ein gefangenes Versuchstier. Montag, Krankenhaus, drei Tage …

Ich dachte flüchtig an die Berge von Arbeit, an die engen Termine. Alles konnte ich nicht schaffen. Das Wichtigste zuerst. Ich musste mit Lara reden. Ich musste ihr sagen, dass ich … dass ihre Mutter Krebs hatte.

Zu Hause blieb mir eben die Zeit zu duschen, da klingelte es. An diesem Tag fürchtete ich mich regelrecht vor Laras breitem Lächeln, mit dem sie mich gewöhnlich schon auf der Treppe begrüßte.

Nachdem sie gegessen hatte, setzte ich mich auf das blaue Sofa. »Komm zu mir, wir müssen etwas besprechen.«

Das blaue Sofa war der Ort für ernste Angelegenheiten. Hier wurden Regeln aufgestellt, Maßnahmen wegen Verwerfens derselben besprochen, hier wurde entschieden, ob fünfzig oder fünfzehn Kinder zum Geburtstag eingeladen werden durften und ob man nicht doch noch einen Versuch unternehmen könnte, um die Katzen zu erziehen.

Lara kuschelte sich an mich.

»Du hast ja keinen Verband mehr …«, begann sie.

Das machte es mir leicht. Und ich erzählte ihr von der harten Stelle, dass sie wachsen und immer weiter wachsen werde und es ganz wichtig sei, schnell etwas dagegen zu unternehmen.

»Was kann man denn tun?«, fragte sie unschuldig.

»Man kann operieren, was heißt, dass ich für ein paar Tage ins Krankenhaus muss. Oder man kann eine scharfe Medizin geben.«

»Wie scharf? So wie Pfeffer? Bäh. Muss ja eklig schmecken.« Pfeffer war das Schlimmste, was sie sich vorstellen konnte. Ihr Gaumen liebte Nudeln und Butterbrezen und Milchreis.

Ich musste lachen. »Anders scharf. Sie läuft über einen dünnen Schlauch in den Körper, da schmeckt man sie nicht. Aber sie soll ja die harte Stelle vernichten.« Ich hielt inne. »Und sie ist so scharf, dass einem sogar die Haare ausfallen können.« Nicht dran denken, *nicht dran denken.*

Lara überlegte. »Mama …?«

»Ja?«

»Kannst du beides machen, Operation und scharfe Medizin?«

Ich nickte. »Ja, das ist auch am besten.«

»Versprochen?«

»Versprochen.«

Sie schlang die Arme um mich. »Dann ist ja alles in Ordnung. Können wir jetzt ins Freibad?«

Ich atmete auf. Es war leichter gewesen, als ich gedacht hatte.

Am Abend, als Lara schlief, stellte ich mich vor den Spiegel und versuchte mir vorzustellen, wie ich aussähe mit nur einer Brust. Und ohne Haare. Ich wandte mich ab. Den Zettel mit Michaels Telefonnummer warf ich in den Müll.

Später rief Alma an. »Und?«

»Bösartig.«

Es wurde still am anderen Ende der Leitung. Dann: »Soll ich kommen?«

»Es geht schon«, sagte ich.

Und das stimmte.

Vielen Menschen, die erfahren, dass sie Krebs haben, zieht es den Boden unter den Füßen weg. Eben noch standen sie mitten im Leben und waren gesund, scheinbar gesund – denn der Krebs schleicht sich meist heimtückisch und unbemerkt ein. Dann plötzlich tut sich ein Abgrund auf, und ein Sog zieht sie hinab, hinab auf düsteren Grund. Denn sie denken zwangsläufig, Krebs sei gleichbedeutend mit Tod.

Bei mir war es anders. Es war nicht mein erster Krebs.

KAPITEL 2

Schwarze Sonnen

Man muss noch Chaos in sich haben,
um einen tanzenden Stern gebären zu können.

Friedrich Nietzsche

In den Isarauen, neun Jahre und fünf Monate zuvor …

Schnell noch ein wenig Februarsonne tanken, dachte ich, zog Mantel und Schuhe an und lief die Stufen hinab. Ein Blick in den Postkasten – ah, ein Brief von der Klinik. Wahrscheinlich die Rechnung, sagte ich mir und steckte ihn ein. Rasch schlang ich den Schal um den Hals und trat aus der Tür.

Kalter Wind schlug mir entgegen. Durch die Häuserschluchten fiel blasses Licht auf den Asphalt. Ich überquerte zwei Straßen, und schon hatte ich die Isar erreicht. Ich liebte den langen Weg durch die Auen, immer am Fluss entlang, der sinkenden Sonne entgegen. Hunde jagten einander über die fahlen Wiesen. Geistesgegenwärtig wich ich ihren Hinterlassenschaften aus. Ein Fußball kam geflogen. Ich kickte ihn zurück. Bald wurden meine Hände kalt, und ich steckte sie in die Taschen. Der Brief! Mit steifen Fingern öffnete ich ihn, überflog im Laufen die Zeilen.

»…müssen wir Ihnen mitteilen, dass die Untersuchung vom 19. Januar eine über das erwartete Maß hinausgehende Erkrankung ergeben hat. Bitte setzen Sie sich zur Terminvereinbarung umgehend mit Oberarzt Dr. Dr. Wellberg in Verbindung …«

Schlechtes Deutsch, dachte ich.

Und blieb stehen. Also war es keine Entzündung gewesen, wie der Frauenarzt vermutet hatte. Was blieb denn dann?

Etwas war mit dem Boden unter meinen Füßen. Unter dem welken Gras spürte ich Strudel, eisig kalt, bedrohlich. Ich rang nach Luft, sah auf. Zwanzig Schritte entfernt stand mein Freund, ein einsamer Baum, dessen karge Zweige den Boden berührten. Schon manches Mal hatte ich mich gegen seinen Stamm gelehnt, wenn ich traurig gewesen war und Wurzeln und Flügel mir abhanden gekommen waren. So auch jetzt. Ich lief zu ihm, lehnte mich an und versuchte den Strudeln zu entkommen.

Was blieb denn dann, wenn es keine Entzündung war?

Ich war Anfang dreißig. Das vergangene Jahr war kein leichtes gewesen. Ich hatte eine Fehlgeburt gehabt, mein Freund hatte mich verlassen. Vielleicht hatte er eher meine Stärke geliebt, um davon zu zehren. Mit meiner Traurigkeit hatte er jedenfalls nicht umgehen können. Oder wollen.

Während der Nachsorge hatten sich die Gewebeproben vom Gebärmutterhals stetig verschlechtert. Mich hatte das wenig gewundert. Mein Herz trauerte noch um das Leben, das nicht in mir hatte wachsen wollen. Wie sollte ich da gesund sein? Zwei Wochen zuvor hatte ich eine Biopsie vom Muttermund machen lassen müssen. Ich hasste diese Untersuchungen. Am liebsten hätte ich mich verkrochen, zumal ich mir nicht vorstellen konnte, krank zu sein. Körperlich fühlte ich mich nicht schlecht, und seelisch? Ich kannte mich doch; wenn Abgründe sich auftaten, drängte es mich, ihre Tiefe auszuloten. Das war schmerzlich und brauchte seine Zeit, doch wie alles Leben strebte auch ich zum Licht. Was immer geschah, eines Tages würde ich emporschnellen wie ein Stehaufmännchen und zu meiner Kraft zurückfinden. So war es bisher immer gewesen, auch als mein Vater, meine Mutter, ein erster Freund gestorben waren. Ich hatte früh gelernt, nach der Quelle des Lichts zu suchen.

Was blieb denn dann, wenn es keine Entzündung war?

Das Schreiben der Klinik hatte mich an einem Freitagnachmittag erreicht. Um diese Zeit war dort niemand mehr, der sich zuständig fühlte und mir bereitwillig Auskunft erteilt hätte. Ich seufzte. Geduld war noch nie meine Stärke gewesen.

In Filmen läuft das immer anders, dachte ich. Da saß eine Frau, deutlich älter als ich, mit ihrem Ehemann beim Arzt an dessen Schreibtisch aus warmem Holz. Der Arzt trug zu dieser Stunde keinen weißen Kittel, sondern ein Jackett aus Tweed und darunter ein gebügeltes Hemd und eine Krawatte. Er wirkte ernst, doch strahlte er Stärke aus und Zuversicht. Der Ehemann war besorgt, er hielt die Hand seiner Frau, und im Wartezimmer liefen ihre erwachsenen Söhne auf und ab, rangen die Hände. Der Arzt richtete das Wort an den Mann und versuchte ihm schonend beizubringen, dass seine Frau Krebs habe.

Krebs, nun war es draußen. Ich hatte Krebs.

Das Wochenende über trug ich das Wissen um den Krebs in meiner Manteltasche mit mir herum. Ich ließ es nicht ganz an mich heran, besah es hin und wieder und vergaß es auch manchmal. Noch waren es Worte auf Papier, in schlechtem Deutsch.

Das sollte sich ändern, als Dr. Dr. Wellberg Zeit für mich fand.

Ich war allein gekommen. Setzte mich auf den Stuhl aus kaltem Kunststoff und wartete. Dr. Dr. Wellberg war ein kleiner Mann mit grauem Haarkranz; über seinem Bauch spannte der Kittel. Er nuschelte eine Begrüßung und nahm hinter seinem Schreibtisch aus Glas und Stahl Platz. Berge von Krankenblättern versperrten die Sicht. Dabei suchte ich doch seinen Blick. Er rollte auf seinem Stuhl ein Stück nach hinten, fort von mir, nahm meine Krankenakte zur Hand und vertiefte sich darin. Als er sprach, sah er nicht einmal auf.

»Wie wir Ihnen ja bereits mitgeteilt haben, geht der Grad Ihrer Erkrankung über das erwartete Maß hinaus …«

Ich nickte, den Satz verstand ich. Ich hätte ihn nicht ablesen müssen.

»… was bedeutet, dass weitere operative Maßnahmen notwendig sind.« Sein Blick wanderte von der Krankenakte zum Terminkalender.

»Die Biopsie war im Januar, heute haben wir Dienstag, den 8. Februar … Lassen Sie mich nachschauen … Am Donnerstagmorgen hätte ich einen OP-Termin für Sie frei.«

»Kommenden Donnerstag? Übermorgen?«, fragte ich, völlig überrumpelt. »Das … das geht leider nicht.« Erst mal Zeit schinden, dachte ich panisch.

Dr. Dr. Wellberg wirkte irritiert. »Freitag?«

»Nein«, sagte ich. Um mich herum drehte sich alles. Auf einen Schlag hatte sich meine Realität verändert. Mir fehlten jegliche Landmarken, mich in dieser neuen Welt zurechtzufinden. Und ich kannte ja noch nicht einmal meine genaue Diagnose.

Meine Finger schlangen sich um den Riemen meiner Handtasche. »Ich habe Krebs, oder?«

Dr. Dr. Wellberg schaute im Krankenblatt nach; zumindest nahm er es zur Hand und blickte darauf, während er mit mir sprach.

»Wie gesagt, übersteigt der Grad …«

»Ist es nun Krebs oder nicht?«

Er räusperte sich. »Nun … ja.«

Das Gespenst in meiner Manteltasche gewann an Substanz. Es wuchs und wuchs und wurde hässlich, bedrohlich.

Also war ich wirklich krank. Ich hatte keinerlei Beschwerden, spürte nicht das Geringste, aber dennoch war ich krank. Richtig krank. Ich hatte Krebs … Das hieß, ich würde sterben? Einfach so? Obwohl ich mich gar nicht krank fühlte?

»Was … was wäre denn erforderlich an weiteren operativen Maßnahmen?«, fragte ich unsicher.

»Wir empfehlen die Operation nach Wertheim. Dabei handelt es sich um eine abdominale Radikaloperation, was unter anderem heißt, dass wir die Gebärmutter entfernen.«

Ich sah ihn ungläubig an. »Ist das der übliche Eingriff?«

»Der sicherste.«

»Aber … was kann man denn sonst tun?«

»Nun« – er lehnte sich zurück –, »Sie hätten noch die Möglichkeit, eine Konisation durchführen zu lassen. Dabei wird ein kegelförmiges Gewebestück aus dem Gebärmutterhals entfernt. Wenn wir im Bereich des Gesunden schneiden können, also kein Einbruch des Karzinoms in das umliegende Gewebe festzustellen ist, *mag* das ausreichen.«

Ich nahm meine Tasche fest in die Hand. »Gut … Ich denke darüber nach.«

Ungläubig sah er mich an. »Sie müssen die Diagnose ernst nehmen!«, wies er mich ruppig zurecht.

»Das tue ich ja«, sagte ich, »aber ich muss sie doch erst verstehen …«

Er wollte mir ins Wort fahren, aber ich erhob mich zu meiner vollen Größe von eins achtzig. »Ich rufe Sie an, wenn ich bereit bin.«

An diesem Tag floh ich förmlich aus der Klinik. Es war ein grauer, bedrückender Bau. Ein typisches Krankenhaus, im Wortsinn. Ich hatte das Gefühl, meine Haut retten zu müssen.

Vor wenigen Monaten hatte ich mein Kind verloren, auch deshalb war ich krank. Körper und Geist und Seele existierten doch nicht getrennt voneinander. Wie sollte ich gesund werden, wenn man mir nun auf die Schnelle die Gebärmutter und was weiß ich noch alles entfernte?

Zu Hause ließ ich den Wintermantel auf den Boden fallen. Ich stellte das Radio an und kochte mir einen Kakao. Dann warf ich mich aufs Bett, schlug die Hände über dem Kopf zusammen.

Lenskij, mein alter Tigerkater, kam aus seinem Katzenversteck im Schrank hervor. Er streckte sich ausgiebig, gähnte und legte sich zu mir aufs Bett, eine demonstrative Armlänge entfernt. Ich rutschte zu ihm, vergrub mein Gesicht in seinem Fell. An diesem Tag war er großzügig und ließ mich gewähren.

Ich könnte einfach hier liegen bleiben und nichts gegen den Krebs unternehmen, dachte ich. Dann würde ich weiterleben wie zuvor und irgendwann sterben. Das taten wir alle. Nur geschähe es in meinem Fall wohl viel früher.

Sterben, was war das überhaupt?

Als mein Vater gestorben war, war ich siebzehn gewesen. Sein Tod war völlig überraschend gekommen. Er hatte eine Operation, die anfangs so harmlos ausgesehen hatte, einfach nicht überlebt. Damals war eine Welt für mich zusammengebrochen; ihr Boden war seine Liebe gewesen und der Horizont sein Wesen, das sich in mir spiegelte wie das Licht ferner Sterne. Zwischen uns hatte ein wortloses Verstehen geherrscht, das Geborgenheit und Freiheit in sich vereint hatte.

Nach seinem Tod hatte ich in den Trümmern dieser zerstörten Welt nach seiner Spur gesucht. Gewiss lebte er fort in meinen Erinnerungen, doch wo war sein eigener Geist geblieben, seine Seele, deren Kern? Ich war rastlos geworden, hatte gesucht und gesucht. Irgendwann war ich auf die Lehre von der Reinkarnation gestoßen – ein tröstlicher Gedanke. Aber so, wie es gemeinhin beschrieben wurde, ging mir das zu glatt. Man war tot, verbrachte eine Zeit im Zwischenbereich, bekam eine neue Inkarnation, und über die letzte wurde ein Schleier gelegt, auf dass man sich nicht daran erinnerte? Das klang für mich nach einer Wahrheit, die man kleinen Kindern erzählte – nicht gelogen, nein, doch geglättet, um eine heile Welt heraufzubeschwören und Unsicherheit oder aber eine höhere Wahrheit zu verbergen. Ich hatte weiter gesucht …

In einer buddhistischen Meditation hatte ich einen stillen Raum in mir wiedergefunden, der Zeuge dessen war, was in mir, mit mir und um mich herum geschah. Ein Raum, dessen Stille einen Klang in sich barg … der an Ewigkeit gemahnte.

Während ich nun so dalag, spürte ich den Raum größer werden. Es war ein wenig wie in einer Nacht in den Bergen, wenn ein Stern nach dem anderen am Himmel sichtbar wird, wenn sich die Schönheit unseres Alls offenbart und einen wie eine schützende Kuppel umfängt.

Die Angst fiel von mir ab. Hierhin würde ich gehen, wenn der Krebs sich weiter durch meinen Körper fräße.

Versprechen von Unsterblichkeit klangen durch den Raum. Ich spürte eine vage Sehnsucht, die schon immer in mir gewesen sein musste, die Sehnsucht, mich aufzulösen, jetzt gleich. Eins zu werden mit der Stille, aus der die Sterne geboren waren.

Lenskij fing an zu schnurren. Ich grub meine Nase tiefer in sein Fell und weinte. Er ließ es über sich ergehen, zumindest eine kleine Weile. Dann wand er sich unter mir hervor, sah mich an und miaute. Zeit fürs Abendessen.

Ich verstand. Es galt zu handeln.

In den folgenden Tagen stöberte ich in Bibliotheken und Buchläden und suchte mir mühsam Informationen zusammen. Ich wollte alles wissen – wie der Krebs sich ausbreitete, was geschähe, wenn ich nichts unternähme, welche alternativen Heilmethoden zur Wahl standen. Es war erstaunlich wenig, was ich zutage förderte. Während unzählige Menschen an Krebs erkrankten, schien das Gros der Gesellschaft lieber wegzuschauen – gerade so, als sperrte man die Kranken samt ihrer Diagnose am liebsten in ein Kellerabteil, um vergessen zu machen, dass es im Leben auch anderes gab als den Tanz um das goldene Kalb. Und vielleicht auch, um die ganze Hilflosigkeit der Ärzteschaft und Forscher gegenüber dem Krebs nicht näher zu beleuchten. Nirgends stieß ich auf eine Antwort, woher die Krankheit wirklich kam.

In einem Buchladen fand ich schließlich einen schmalen Band über alternative Methoden der Krebstherapie. Die längste Tradition hierzulande wies die Behandlung mit Mistel auf. Ich erinnerte mich an eine Studienkollegin, deren an Lungenkrebs erkrankter Vater in einer anthroposophischen Klinik gelegen hatte. Er hatte Iscador gespritzt bekommen. Noch deutlich in Erinnerung war mir ihr Satz, er habe bis zu seinem Tode fast keine Schmerzen gehabt.

Vielleicht gab das den Ausschlag. Ja, ich hatte Angst vor Schmerzen. Angst, hilflos auf irgendeiner Station zu liegen, abhängig von regelmäßigen Morphiumgaben, und dem Ende entgegenzuvegetieren. Zu Hause suchte ich die Nummer der Anthroposophischen Gesellschaft heraus und vereinbarte schließlich einen Termin bei einem Arzt, den diese mir empfohlen hatte.

Dr. Schmied war mir sogleich sympathisch. Er wirkte offen, ehrlich und kompetent. Diesmal fiel es *mir* nicht leicht, mein Gegenüber anzusehen. Ich starrte auf seine Turnschuhe, sie gefielen mir. Schließlich wandte ich den Blick ab und sah auf.

»Was führt Sie zu mir?«, fragte er.

In knappen Worten schilderte ich ihm meine Situation.

Er reagierte betroffen. »Sie sind noch so jung«, meinte er und bat um ein paar Augenblicke, um meine Geschichte in sich aufzunehmen.

Ich witterte eine Chance. »Am liebsten ließe ich mich gar nicht operieren ...«

Er sah mich offen an. »Das dürfen Sie nicht. Die Zervix ist wie eine Leitschiene in Ihren Körper. Sie müssen den Krebs entfernen lassen, sonst breitet er sich aus. Danach können wir über andere Therapien reden.«

Er sprach mit einer Dringlichkeit, die mich augenblicklich in meine Realität katapultierte. Ich fing an zu begreifen. Noch hockte der Krebs wie ein kleines gefräßiges Tier an einer Stelle in meinem Körper. Wenn ich ihm erlaubte, sich auszubreiten, würde er wachsen und wuchern, und er würde nicht innehalten, sondern mich und auch sich selbst dabei zugrunde richten.

»Ich möchte mir eine Chance geben. Bis zu der Fehlgeburt waren meine Gewebeuntersuchungen immer bestens. Wenn der Krebs wirklich erst in den vergangenen Monaten gewachsen ist, habe ich doch zumindest die Zeit, den kleineren Eingriff zu wagen, oder?«

»Was meint Ihr Arzt dazu?«

»Er behauptet, die anderen Ergebnisse seien alle falsch gewesen, und es gebe keinen medizinischen Zusammenhang zu der Fehlgeburt. Das glaube ich aber nicht!« Ich fuhr mir durch das Haar. Es wäre leichter, viel leichter gewesen aufzugeben. »Auf der anderen Seite hat er auch keinen Papillomavirus nachweisen können, der in den meisten Fällen die Ursache für ein Zervixkarzinom sein soll.«

»In vielen Fällen«, warf Dr. Schmied ein. »Und was sagte er dazu?«

»Er meint, das Verfahren zum Virusnachweis sei wohl noch nicht ausgereift. Ich hätte ihn trotzdem.«

Wir schwiegen eine Weile.

»Sie sagten, Sie möchten sich eine Chance geben …«

»Ja. Meiner Gebärmutter. Mir als Frau. Meiner inneren Stimme.«

»Das heißt?«

»Wenn auch Sie meinen, ich müsse mich operieren lassen, aber immerhin die Möglichkeit besteht, dass eine Konisation ausreicht, dann will ich sie nutzen. Und ich will versuchen zu verstehen, was Krebs ist …«

»Aber …?«

»Ich weiß nicht, wie ich mich wehren soll.«

Lange sah er mich an. »Das betrifft nicht nur den Krebs, oder?«

Ich musste lächeln. »Das ist es ja. Deshalb glaube ich auch nicht, dass eine Operation wirklich heilen kann. Heil machen kann.«

»Sie ist ein erster Schritt. Danach müssen Sie sich schützen.« Er zog die Augenbrauen hoch.

»Hm, und wie geht das?«, fragte ich. Mein Lächeln wurde wehmütig.

»Wen können Sie schützen?«, erwiderte er.

Er ließ mir Zeit. Die Antwort sollte aus mir heraus kommen. Den Grundstein des Verstehens hatte er gelegt, doch das Fundament war meine Sache; schließlich sollte es mein Gedankengebäude werden und nicht seines. Tatsächlich zeichnete sich schemenhaft eine Idee in mir ab. »Andere«, sagte ich. »Was ich gut kann, ist, andere zu schützen. Für andere kann ich die Fahne schwingen.«

Mir war klar, dass jetzt nicht der angemessene Zeitpunkt war, den Grund für dieses Muster zu beleuchten, ihn anzunehmen und auszuheilen. Eile war geboten, wollte ich verhindern, dass der Krebs das gesunde Gewebe befiel.

Das war die Lösung … Statt den Krebs mit stumpfen Klingen zu bekämpfen, konnte ich alles tun, um das gesunde Gewebe zu schützen.

Auf dem Nachhauseweg nahm mein Gedankengebäude Gestalt an. Es bekam ein Dach, durch welches Licht fiel. Das Licht der Heilung.

Meine Entscheidung war gefallen. Ich würde den kleinstmöglichen Eingriff machen lassen, eine Konisation. Die Verantwortung für meinen Körper lag bei mir. Und ich würde alles dafür tun, ihn zu beschützen.

In der Klinik musste ich kämpfen, nicht gegen den Krebs, sondern um mein Vorhaben durchzusetzen. Ich tat es für mein gesundes Gewebe.

Dr. Dr. Wellberg fuhr schwerste Geschütze auf. »Wenn Sie meine Tochter wären …«, lautete eines davon.

Als er mich zum OP-Gespräch bat, umgab ihn ein ganzer Stab ergebener Assistenten. Hier finde ich wohl keinen Verbündeten, dachte ich mir. Sie hingen förmlich an seinem Munde, standen sie doch noch am Anfang ihrer eigenen Karriere.

Dr. Dr. Wellberg legte meinen Fall in medizinischen Fachtermini dar. »Allerdings musste ich feststellen, dass diese junge Dame hier sich nicht bereit zeigt, uns ihr Einverständnis zu der geplanten Wertheim-Meigs-Operation zu geben.« Ablehnende Blicke, ein verhaltenes Raunen aus den Reihen des Hofstaats. Er lehnte sich zurück. »Wie habe ich auf sie eingeredet! Und wenn ich mit Menschenzungen und mit Engelszungen spreche …«

»›Rede‹. ›Mit den Zungen der Menschen und der Engel rede‹. 1 Korinther 13.« Ich lächelte ihn an. Dann rezitierte ich auf Lateinisch. Endlich machte sich das Große Latinum auch außerhalb der Asterix-Hefte bezahlt.

Dr. Wellberg blickte säuerlich drein, der Hofstaat hämisch.

»›Jetzt bleiben Glaube, Hoffnung, Liebe, diese drei …‹ Ich setze auf die Hoffnung.« Mit diesen Worten stand ich auf. »Wo soll ich unterschreiben? Sie müssen sich ja bestimmt absichern.«

Es war traurig. Eigentlich hätte er mein Verbündeter sein sollen. Und mein Schreck saß zu tief, als dass ich auf den Gedanken gekommen wäre, mir eine andere Klinik zu suchen.

Aber ich blieb stur, hielt durch. Was ich dort auf der Krebsstation erlebte, bestärkte mich darin, meinen eigenen Weg zu gehen, um gesund zu werden. Viele der Frauen waren an Brustkrebs erkrankt. Damals pflegte man den Tumor sowie die Lymphknoten der ersten Ebene zu entfernen. Während das Gewebe noch untersucht wurde, warteten die Frauen voller Angst auf das Ergebnis. War der Befund positiv, wurde in einer weiteren Operation meist die ganze Brust abgenommen, und die Lymphknoten der zweiten und dritten Ebene wurden entfernt. Eine Chemotherapie führte man durch, wenn auch die dritte Ebene der Lymphknoten verkrebst und mit Fernmetastasen zu rechnen war. In jenen Jahren galt dies als erfolgversprechendste Methode.

Mit ihren Ängsten aber waren die Frauen hier völlig allein.

Es war eine große Klinik, in die ich geraten war, und nicht nur ich fühlte mich hier verloren. Die meisten machte die Angst vor dem Krebs hörig.

Bei mir verhielt es sich anders. Schmerzlich vermisste ich das kleine Leben in mir, dessen Hüterin ich zwölf Wochen lang gewesen war. Nur zwölf Wochen, kostbare Tage voller Liebe, Verbundenheit. Ich war Anfang dreißig. Eine »sichere« Operation hätte mich kastriert.

Doch was für mich galt, hätte für andere die falsche Entscheidung sein können. So eindringlich die innere Stimme auch sein mag, wird sie doch allzu leicht übertönt von unseren Wünschen, Hoffnungen und Ängsten. Zu jener Zeit war ich nur für mich selbst verantwortlich. Ich war bereit, den Schritt zu wagen.

Vier Uhr dreißig. Ein Aufstöhnen hatte mich geweckt. Dicht neben mir wurde meine Bettnachbarin von unruhigen Träumen geplagt. Sie war Ende vierzig und stammte aus Griechenland. Ihre Töchter, dreizehn und sechzehn Jahre alt, hatten sie bis spät am Abend besucht. Sie hatte Brustkrebs. Das geht doch nicht, sie hat zwei Töchter, die sie noch brauchen, war mein erster Gedanke gewesen.

Als ihr Atem gleichmäßiger wurde, glitt ich in eine tiefe Entspannung. Ich hatte von der Krebstherapie nach Simonton gehört, bei der man mittels seiner Vorstellungskraft die Abwehrzellen gegen den Krebs mobilisiert. An diesem Morgen hatte ich anderes vor. In wenigen Stunden würde ich operiert werden – die letzte Möglichkeit, so hoffte ich, mehr über den Krebs in mir zu erfahren.

In der Phantasie begab ich mich auf eine Reise durch meinen Körper. Während ein Teil meines Geistes einen schützenden Horst bildete und nichts als ein Zeuge dessen war, was ich erlebte, verwandelte sich ein anderer Teil in einen kleinen

Vogel aus Licht. Und dieser Vogel tauchte ein in meinen Körper, glitt zum Herzen und weiter hinab.

Jede Zelle war Schwingung – Licht und Ton. In der tiefen Entspannung, in der mein Körper und mein Denken verblieben, gewahrte ich die Schwingungen um mich herum, sie waren klar und harmonisch. Gleich einem Schamanen glitt ich weiter auf meinem Vogelflug, näher und näher an den Krebs heran. Bald drang ein dumpfer Ton zu mir, wie ein Unterton, der alle über ihm liegenden Klänge zur Dissonanz verkommen ließ.

Vorsichtig tastete ich mich weiter vor, bis ich deutlich eine Grenze spürte zwischen gesundem und krankem Gewebe.

Ich zog mich zurück in das gesunde, harmonisch schwingende Gebiet und sang im Geiste den Klang seiner Zellen, um sie zu schützen und zu stärken. Als der Wall hoch genug war, schickte ich den Vogel voran.

Ein dumpfer Ton empfing ihn, der stärker wurde und hohler. Da war eine Schwingung, wie von einer Schiffsschraube, die langsamer wurde, immer langsamer, um schließlich anzuhalten und erneut die Drehung aufzunehmen, doch diesmal in die falsche Richtung.

Krebszellen. Sog und Wirbel, wie van Goghs Sonnen; schwarze Sonnen, in deren Schatten alles verging. Bereit zu verbrennen, statt Leben zu schenken. Angetrieben von dem Zwang, zu wachsen und zu wuchern und dabei doch nur zu zerstören …

Der Vogel glitt auf seinen Schwingen zurück, bis er wieder in Licht badete. Noch einmal sang er das Lied des gesunden Gewebes und begab sich sodann in den Horst meines schützenden Bewusstseins. Tief atmete ich ein, bis ich meinen Körper wieder spürte.

Mein Blick fiel auf die Uhr. Viertel nach fünf. Bald schon würde die Schwester kommen und mich für die Operation vorbereiten.

Im Geist beschwor ich noch einmal das Bild des kranken Gewebes herauf und verabschiedete mich davon, ein wenig traurig, weil ich es nicht zu schützen vermocht hatte. Vielleicht war es ja so, dass sich die Krebszellen andersherum drehten? Ich war kein Wissenschaftler, doch in seiner symbolhaften Sprache zeigte mir das Bild, dass sich im Einflussbereich der schwarzen Sonnen das Leben verkehrte. Eine Spirale, die entgegen dem Uhrzeiger lief, beschwor Regression herauf. Zurück in eine Urharmonie statt vorwärts, dem Lauf des Lebens folgend … Das sagte mir ewas.

Ich wandte meine Achtsamkeit dem gesunden Gewebe zu, zog im Geiste eine Grenze und bat die Kraft des Universums darum, dass die Ärzte hier schneiden mochten.

»Sie haben gewonnen«, sagte Dr. Dr. Wellberg säuerlich. »Wir konnten im Bereich des Gesunden schneiden.«

Als hätte ich mich auf einen Wettstreit eingelassen …

Drei Wochen hatte ich auf das Ergebnis der Gewebeuntersuchung gewartet. Hatte gebangt und gehofft, Angst gehabt zu hoffen und am nächsten Tag trotzdem wieder gehofft. Immerhin ging es *um mein Leben.*

Aus dem Bericht ersah ich, dass das Ergebnis bereits vor zwölf Tagen auf der Station eingegangen war. Ich biss die Zähne aufeinander. Die Nachuntersuchungen würde ich hier ganz gewiss nicht machen lassen.

Nun sprach der Arzt davon, mir die Lymphknoten zu entfernen. »Zur Vorsicht«, meinte er. »Ein invasiv wachsendes Zervixkarzinom neigt äußerst früh zur lymphogenen Metastasierung.«

»Ich denke darüber nach«, sagte ich und verabschiedete mich.

Zu Hause, als ich still geworden war, löschte ich das Licht. Schloss die Augen. Verlorenheit kam daher; ich beobachtete sie. Ja, ich fühlte mich verloren – aber war ich es wirklich? Wer oder was fing mich auf? Vor meinem geistigen Auge sah ich schemengleich eine Hand, groß und warm. Sie war so groß, dass ich darauf stehen konnte. Ich spähte über den Rand, doch ich konnte nicht hinunterfallen. Und ich war nicht allein. Sie war so schützend und groß, dass sie das ganze Universum in sich barg.

Die Worte des Arztes kamen mir in den Sinn, ich überlegte, suchte nach einer Antwort. Ich hatte das dringende Gefühl, die Lymphknoten zu brauchen. Mein Körper war geschwächt und sollte lernen, sich zu wehren. Ein Eingriff in das Lymphsystem, zur Vorsicht – war das der richtige Schritt?

Oder der falsche?

Aber was ist, wenn der Krebs weitergeht?, fragte ich mich. Ein Streifen Mondlicht fiel durch das Fenster. Meine Hand fuhr unwillkürlich unter die Achsel. Dann geht er woanders hin, und ich werde damit fertig, dachte ich.

KAPITEL 3

Gläserne Körper

Und eine Frau sagte: Sprich uns vom Schmerz.
Und er antwortete:
Euer Schmerz ist das Zerbrechen der Schale,
die euer Verstehen umschließt.
Wie der Kern der Frucht zerbrechen muss,
damit sein Herz die Sonne erblicken kann,
so müsst auch ihr den Schmerz erleben.
Und könntet ihr in eurem Herzen das Staunen
über die täglichen Dinge des Lebens bewahren,
würde euch der Schmerz nicht weniger
wundersam scheinen als die Freude;
Und ihr würdet die Jahreszeiten eures Herzens
hinnehmen, wie ihr stets die Jahreszeiten
hingenommen habt, die über eure Felder streifen.
Und ihr würdet die Winter eures Kummers
mit Heiterkeit überstehen …

Khalil Gibran,
Der Prophet

Sommer 2003

Unbarmherzig brannte die Sonne herab.

»Noch mal!«, rief Lara, zog sich am Beckenrand hoch und lief zur Wasserrutsche. Um mich herum wanden sich kleine nasse Körper aus dem Wasser. Das Thermometer hatte die 30 Grad im Schatten längst überschritten, die Freibäder waren hoffnungslos überfüllt.

»Aber du hast es mir versprochen!«, hatte Lara empört gerufen, als ich einen beschaulichen Waldspaziergang vorgeschlagen hatte. Also hatte ich die Wunde von der Stanzbiopsie zugepflastert und stieg nun durch Reihen von glitschigen Kindern die Treppe zur Rutsche hinauf. Noch mal und noch mal.

Lara …

Lara war für mich ein Zeichen von Leben gewesen. Die Angst, der Krebs könne im Verborgenen streuen, hatte unsere gemeinsamen Jahre verschattet. Noch gut erinnere ich mich an eine der vielen wachen Nächte, als mich plötzlich die Angst gepackt hatte, zu sterben und das kleine Wesen an meiner Seite allein zu lassen.

Angst? Schmerzlicher als das.

Voller Sorge hatte ich den dreimonatigen Nachuntersuchungen entgegengeblickt, doch es war immer alles in Ordnung gewesen. Darüber waren die Jahre vergangen. Im März war sie sieben geworden.

»Verabschieden Sie sich von dem Krebs!«, hatte ein Arzt im letzten November gesagt. Ein verlockender Gedanke!

Vorsichtig hatte ich mich mit der Überlegung angefreundet, wie es denn wäre, das Gespenst namens Krebs in die Vergangenheit zu bannen. In die Zukunft zu blicken, Pläne zu schmieden und dabei nicht unwillkürlich hinzuzufügen: wenn alles gut geht, wenn ich dann noch da bin. Oder an warmen Oktobertagen vielleicht gar an das Altwerden zu denken. Nichts Spektakuläres eigentlich.

Als ich noch allein gewesen war, hatte ich für mich entscheiden können. Ich hatte auf meine innere Stimme gelauscht und war ihr gefolgt. Wie anders gestaltete sich mein Leben jetzt. Nie war es so still, dass ich Weisheiten meines Körpers hätte vernehmen können. Wann immer ich mich versenkte, holte er sich, was er am dringendsten brauchte: Schlaf. Alltag und Pflichten forderten ihren Tribut. Da blieb kaum Zeit, Gedanken nachzuhängen, Gefühle zu erforschen oder sich groß zu hinterfragen.

Jetzt, mit dem Krebs in der Brust, gestaltete es sich kaum anders. Die kommenden Tage mussten gut organisiert, ein Auftrag zu Ende gebracht werden. Und über allem hing drohend der kommende Montag mit seinen *genauen Untersuchungen*.

Tief in mir saß Furcht und krallte sich in mein Herz. Was, wenn ich längst Metastasen hatte? Oft hatte ich in den letzten Monaten das Gefühl gehabt, alles wachse mir über den Kopf. Was, wenn die Sprache es bereits verraten hatte – wenn es in Wahrheit der Krebs war, der mir über den Kopf wuchs?

Nachts, wenn ich vor innerer Erschöpfung nicht schlafen konnte, kreisten meine Gedanken, zwanghaft und düster, und die Angst um Lara malte böse schwarze Sonnen in Hirn und Eingeweide, die mich von innen heraus versengten. Und ihre Hitze schmolz auch Laras Flügel hinweg.

Endlich brach der gefürchtete Montagmorgen an. Ich begleitete meine Tochter zum Schulbus, versprach ihr, sie am Nachmittag von ihrer Freundin Charlotte abzuholen – und machte mich auf den Weg ins Krankenhaus. Vorsichtshalber nahm ich erst gar keine Tasche mit; ich wollte von vornherein klarstellen, dass ich am Nachmittag wieder gehen würde. Unser Gesundheitssystem forderte zwar aus abrechnungstechnischen Gründen, dass ich über Nacht blieb, aber ich hatte Glück: Es gab Schwestern, die mich verstanden.

Nichtsdestotrotz bekam ich ein Bett zugeteilt. Eine rundliche Frau um die sechzig war meine Zimmergenossin. Noch musste sie viel liegen, da sie nach der Brustoperation Fieber bekommen hatte. Binnen Minuten kannte ich die Geschichte ihrer Krankheit und bald darauf die ihres Lebens. Sie barg eine bittere Wut in sich auf ihren geschiedenen Mann, unter dessen Alkoholsucht sie über Jahre hinweg gelitten hatte.

Nachdem ich ihr lange zugehört hatte, versuchte ich beide Seiten zu sehen. »Wenn er alkoholabhängig ist, dann ist er eben auch *krank* wie Sie oder ich. Nur äußert es sich anders«, warf ich ein.

»Ja, aber jetzt hat er aufgehört zu trinken. Er weiß schon, dass er schuld ist an meinem Krebs«, beharrte sie.

Vielleicht sollte ich an dieser Stelle sagen, dass ich einen Großvater hatte, der als Widerstandskämpfer im KZ gewesen war. Auf dieses Erbe war ich stolz, und für andere eintreten, das konnte ich ja gut. Nur bei mir selbst haperte es nach wie vor.

Unbewusst ergriff ich also Partei für den Abwesenden. »Ich muss sagen, dass ich sehr froh bin, nicht suchtgefährdet zu sein. Wie diese Menschen über Jahre hinweg leiden und wie wenig sie verstanden werden, kann ich mir nur ansatzweise vorstellen.« Ich holte Luft. Nachdem ich mein Banner geschwungen hatte, wurde mein Ton wärmer. »Auf der anderen Seite haben Sie natürlich auch darunter gelitten, das sei unbestritten.«

Meine Zimmergenossin schwieg eine Weile. »Vielleicht bin ich ja selber schuld«, meinte sie dann.

Das tat weh. Ich kannte den Gedankengang. Auch ich hatte mich allzu bereitwillig schuldig gesprochen, als ich die Diagnose vernommen hatte.

Du hast dich nicht gut genug um dich gekümmert.

Du hast zwar nicht geraucht, nicht getrunken, hast deine fünf bis sieben Portionen Obst am Tag gegessen, aber du hättest dich viel mehr schonen müssen.

Du hast zu wenig geschlafen.

Du hast dich zurückgezogen und dich abgekapselt, statt deine Probleme zu lösen.

Du hast noch immer nicht gelernt, dich zu wehren.

Du lässt alles viel zu nahe an dich heran.

Du hast du hast du hast …

»Ich weiß nicht, ob man überhaupt in Kategorien von Schuld und Nichtschuld denken soll«, überlegte ich laut. »Das bringt mich irgendwie nicht weiter.«

»Was glauben Sie denn, warum Sie krank geworden sind?«, fragte sie neugierig.

Ich sann nach. »Wenn ich versuche, meine eigene Geschichte auf einen Nenner zu bringen … nun, dann würde ich sagen, dass ich letzten Endes nicht in der Lage bin, mich gegen Dinge zur Wehr zu setzen, die mir schaden.«

Schweigen kehrte ein. Ich dachte an Michael. Wie war er in mich gedrungen in den letzten Wochen, hatte versucht, meine äußere Schale aufzubrechen. Mir meinen einzigen Schutz zu nehmen. Sosehr ich ihn gemocht hatte, so hatten seine Worte doch vieles in mir aufgewühlt, das ich wohlweislich vergraben hatte. Nach den Gesprächen hatte ich mich oft schlecht gefühlt, ihn gebeten, mir meine Ruhe zu lassen, und mich doch nicht schützen, wappnen, wehren können.

Genauso wenig wie gegen den Krebs, der in jener Zeit in mir gewachsen war.

War ich deshalb schuld an meiner Krankheit? Oder er?

»Ich glaube, die Dinge im Außen sind wie Spiegel«, sagte ich langsam. »So wie der Krebs in uns wuchert, uns zerstört und wir uns nicht dagegen wehren können, gibt es in unserem Leben auch auf anderen Ebenen Prozesse, die sich ganz ähnlich äußern.«

Meine Zimmergenossin runzelte die Stirn, überlegte. »Das stimmt«, meinte sie schließlich. »Ich habe mich letztes Jahr viel zu sehr vereinnahmen lassen. Dabei habe ich es gar nicht mal gemerkt!«

»So wie unser Immunsystem den Krebs nicht als Gefahr erkennt und sich demzufolge nicht zur Wehr setzt …«

Es war spannend. Unversehens wandelte sich meine Wahrnehmung. Ich empfand die Abläufe nicht länger als eine Kette aus Ursache und Wirkung, sondern als Spiegel auf verschiedenen Ebenen. Da waren … Nichterkennen von Gefahr. Mangelnder Selbstschutz. Fehlende Grenzen. Zugewuchert werden. Aufgeben des Selbst. Wie innen, so im Außen …

Ein Klopfen unterbrach unser Gespräch. Es war die Schwester.

»Frau Simon, bitte gehen Sie zum Ultraschall und Röntgen, Station fünf.«

Aus der geborgenen Welt meiner Gedanken stürzte ich in die Realität von Leber und Lunge.

»Ohne Befund«, sagte die Radiologin wenig später und lächelte mich an. Ich atmete auf.

Um ein wenig allein sein zu können, begab ich mich in den Garten der Klinik. Eine große Ulme spendete Schatten. In versteckten Winkeln standen Patientinnen und rauchten.

Ich suchte mir eine einsame Bank, wollte zur Ruhe finden, vielleicht eine Freundin anrufen. Aus dem vierten Stock tönte der Schrei eines Neugeborenen. Leben und Tod und Freude und Leid, wie dicht lagen sie hier beieinander. Mich tröstete der Gedanke.

Meine Leber und Lunge waren metastasenfrei. Was noch fehlte, war das Szintigramm, das Aufschluss über mögliche Fernmetastasen vor allem in den Knochen und im Kopf geben würde. Mir war nicht wohl bei all diesem Gestöber in meinem Körper.

Während ich auf das Gespräch mit dem Oberarzt wartete, bemerkte ich eine Frau im Garten, die in sich hineinweinte. Sie mochte Anfang sechzig sein und war mir schon am Morgen auf der Station aufgefallen; auch da hatte sie geweint. Unauffällig schlenderte ich in ihre Richtung, als von der anderen Ecke des Gartens eine Frau herbeieilte. Sie war schwer zu übersehen, von ausladender Statur und mit wallendem Haar in der Farbe dunkler Trauben. Ihre stämmigen Beine steckten in Leopardenleggins. Wie eine Großkatze, die ihr Junges schützen will, hielt sie auf die weinende Frau zu.

»Jetzt reg di it sou auf!«, rief sie mit breitem Akzent. »Jetzt wart ma erst amoi, wos da Dokta sagt. Konn doch sei, dass es gor it so arg isch.« Schon zauberte sie ein Päckchen Zigaretten aus der Tasche, die um ihre Schulter hing und dem Leoparden einen Hauch Kroko verlieh.

»Hoscht a Feuer?« Das war an mich gerichtet.

»Leider nein, ich rauche nicht«, sagte ich und kam näher.

»Is aa besser sou, it dascht aa an Krebs kriegscht wia mir!«

Ich musste schmunzeln. »Leider falsch«, verriet ich.

»Na, nacha willkommen im Klub. I bin d'Chrischtl vo Mittenwald. Und des isch d'Hanna vo Minkn.«

»Ich bin auch aus München, hallo«, sagte ich und stellte mich vor. Hanna warf mir einen flehenden Blick zu, sie aus Christels Bann zu erlösen, aber unsere Leopardin hatte inzwischen das Feuerzeug gefunden, und die Aussicht auf die Dosis Nikotin veranlasste Hanna dann doch zum Bleiben.

Zwischen mehreren tiefen Zügen erzählte Christel ihre Krankengeschichte. Bald war klar, dass das Raubein, welches zu spielen sie gewohnt war, ein gutes Herz hatte und viele Enttäuschungen hatte einstecken müssen. Auch sie war hier zum *Staging*, wartete auf das Arztgespräch und das morgige Szintigramm. Sie hatte Angst. Ihre Ehe steckte in einer Krise, und sie befürchtete, der Bund, der einst fürs Leben geschlossen worden war, werde die Belastung nicht aushalten. In ihren Augen reduzierte sich alle Anziehung plötzlich auf ihre Brüste und das wallende Haar. Die Rechnung war einfach …

»Der wird mi nimma mögn, wenn i bloß mit oana Brust un a Plattn umananda lauf. Die Weiba ausm Gschäft sen jetzt schoa hinter ihm her wia rossige Stuten.«

»Dann ist er nichts wert, und Sie können froh sein, ihn loszuwerden, bevor er alt ist und Sie sich nicht mehr trauen, ihn zu verlassen«, warf Hanna ein.

Erstaunt musterte ich sie. Solch direkte Worte hätte ich nicht aus ihrem Munde erwartet.

»Ich werde mein Leben ändern, sobald das hier hinter mir liegt«, beteuerte sie. »Wenn ich dann noch Zeit dafür habe …« Eine neuerliche Tränenflut hinderte sie am Weitersprechen.

Zu dritt suchten wir uns eine Bank und tauschten unsere Geschichten aus, unsere Ängste und Hoffnungen. Ich sah auch andere Grüppchen miteinander reden, weinen und zuweilen auch lachen. Es waren eigentümliche Verbindungen, die das Schicksal da schmiedete. Seilschaften, deren Mitglieder Erkenntnisse, Geschichten und Erfahrungen sammelten und allesamt nur zu bereit waren, sich zu ihrer Krankheit auch noch die Schuld daran aufzuladen. Und so grundverschieden wir auch waren, so war uns allen doch das Ausgeliefertsein gemein.

Hanna hatte erst am vergangenen Freitag bei einer Routineuntersuchung von dem Verdacht auf Brustkrebs erfahren. Wie aus heiterem Himmel war das Verhängnis über sie hereingebrochen und hatte sie vollständig aus der Bahn geworfen. Dazu kam, dass sie die beiden vergangenen Tage völlig allein mit ihren Ängsten gewesen war. Der Arzt hatte ihr einen Überweisungsschein in die Klinik ausgestellt und sich ins Wochenende verabschiedet. Den Töchtern, die bereits aus dem Haus waren, hatte sie noch nichts erzählen wollen. Als sie an diesem Morgen in die Klinik gefahren war, hatte ihr Mann ihr nicht einmal das schwere Garagentor geöffnet. Nun konnte sie vor Weinen kaum noch an sich halten, und ein Großteil ihrer Kraft verlor sich in dem vergeblichen Bemühen, die Tränen zu unterdrücken.

Christel und ich sahen uns verstohlen an. In unseren Blicken lag das Versprechen, uns gemeinsam um Hanna zu kümmern. Und so brachten wir sie zum Ultraschall, bezogen Wache vor dem Untersuchungszimmer und teilten ihre Freude, als auch ihre Leber und Lunge keine Metastasen aufwiesen.

Auf den Bänken vor dem Untersuchungszimmer harrten weitere Frauen ihrer Mammographien. In ihren Mienen spiegelten sich Angst und ein Anflug von Neid angesichts unserer guten Laune. Sie konnten ja nicht wissen, dass wir drei längst auf der Verliererseite waren.

Und genauso fühlten wir uns auch, als wir kurz darauf vom Klinikbus abgeholt wurden, der uns zum EKG in ein anderes

Gebäude fuhr. Keiner von uns schnallte sich an. Nicht, dass wir es vergessen hätten. Eher fragte sich jeder im Stillen, wozu denn überhaupt noch.

Zwei Stunden später saßen wir wieder im Klinikgarten beieinander. Christel wollte sich gerade die nächste Zigarette anzünden, als sie zum Arztgespräch gerufen wurde. Unser kleiner Trupp bot ihr Geleit und nahm Stellung ein. Nach zwanzig Minuten öffnete sich die Tür. Christel war die Erleichterung auf den ersten Blick anzusehen.

»Die Brust bleibt drou!«, rief sie uns zu. »Un d'Hoor aa.« Ihr Tumor war noch klein und hormonabhängig; eine Chemotherapie war in ihrem Fall nicht angezeigt. »Mei, aber fünf Johr Hormontabletten nemma«, sagte sie skeptisch, »wos weiß ma, wos des für a Zeug isch.«

Hanna schöpfte Hoffnung. Doch je näher das Gespräch rückte, umso unerträglicher wurde ihre Angst. Ich fragte die Schwester, ob sie ihren Termin nicht vorverlegen könne, aber die Ergebnisse der Biopsie waren noch nicht eingetroffen. Auch ich musste noch ein wenig warten; wegen eines Notfalls war der Oberarzt in den OP gerufen worden.

Ich spürte, wie ich mich in den Schicksalen der anderen verlor. Jedes schien wichtiger zu werden als mein eigenes, für alle anderen brachte ich mehr Aufmerksamkeit und Mitgefühl auf als für mich. Eine trockene Stimme verwies mich an einen Platz in der allerletzten Reihe, während Wärme verteilt wurde und Verständnis und Geborgenheit. Meine Reihe ging leer aus.

Ich kannte die Stimme, es war die meiner Mutter. Als ich klein gewesen war, hatte meine Strategie darin bestanden, möglichst wenig aufzufallen, lieb zu sein und mich anzupassen, um das Quäntchen Liebe nicht auch noch zu verlieren, das für mich abgefallen war. Was der Zweite Weltkrieg der

Generation meiner Mutter angetan hatte, hatte ich am eigenen Leib zu spüren bekommen. Als junges Mädchen hatte sie im Lazarett als Schwester gearbeitet. Zu jenem Zeitpunkt war ihre Mutter längst umgekommen, der Vater – der Widerstandskämpfer – im KZ. Entbehrungen, Angst und die körperliche Anstrengung hatten sie gezeichnet; für mich, das vierte Kind, war nicht mehr viel Kraft übrig geblieben.

Nun tat ich, was ich immer schon getan hatte – ich zog mich zurück. Christel und Hanna drängte es in den Garten, in die Raucherecke, ich aber suchte das Krankenzimmer auf und genoss ein wenig Abgeschiedenheit. Es war Besuchszeit, und so rauschten Gespräche an mir vorbei, andere Wahrheiten, fremder Trost. Ich suchte mich inmitten all der Schicksale, deren Odem die Luft so erstickend machte auf dieser Station.

Als ich schließlich zum Arztgespräch gebeten wurde, war ich ruhig und gefasst. Der Oberarzt wirkte erschöpft; hinter der Müdigkeit, gewiss ein Dauerzustand, waren jungenhafte Züge zu erkennen – ein Mensch, der sich trotz aller Routine seinen Enthusiasmus bewahrt hatte und sich an ein Leben außerhalb der Klinikmauern zumindest erinnerte.

Klassifizierungen des Tumors, Eigenschaften und deren Auswirkungen drangen aus seinem Munde auf mich ein. Ich versuchte jedes einzelne Wort aufzunehmen, um es später auszuloten nach Hinweisen darauf, wie es denn wirklich um mich stand. Doch in meinen Ohren war ein Widerhall wie von einer blechernen Glocke, die unentwegt schlug.

»… wir aufgrund der Größe von zwei Komma drei Zentimetern davon ausgehen müssen, dass so genannte Mikrometastasen existieren, ist eine Chemotherapie dringend angeraten.«

Ich nickte. Das Dröhnen in meinen Ohren nahm zu, es mussten gleich mehrere Glocken sein.

»Derzeit beraten wir noch, welche Präparate wir Ihnen verabreichen werden. Vermutlich Eibe – also ein pflanzliches Mittel.« Er hielt inne. »Und hochgiftig – für den Krebs. Um sicherzugehen, dass die Chemotherapie anschlägt, werden wir erst im Anschluss daran operieren. Geht der Tumor zurück oder stagniert im Wachstum, sind wir aller Wahrscheinlichkeit nach auf der sicheren Seite, was die Mikrometastasen angeht.«

Es waren keine Glocken, die in meinen Ohren dröhnten. Es war mein Puls, und nun klang er wie heranrasende Pferde. Die Schwarze Reiterei. Mein Körper war das Land, das sie einnehmen und verheeren wollte. Es waren viele Reiter, und sie teilten sich auf.

»Leber und Lunge sind ohne …«

»Ich hätte eine Frage«, unterbrach ich ihn.

»Natürlich.« Er lehnte sich zurück. Im Stillen zollte ich ihm Anerkennung. Gewiss hatte er eine Nachtschicht hinter sich, den Morgen über operiert und nun die Aufgabe, einem halben Dutzend Frauen zu eröffnen, dass sie Brustkrebs hatten. Aber er schenkte mir seine Zeit und mehr noch: seine Geduld und Offenheit.

»Wenn ich mir meinen Körper als Land vorstelle und den Krebs als Schwarze Reiterei, die erobern will«, begann ich. »Ist denn die Schwarze Reiterei wirklich so dumm und schickt ihre Vorhut immer in die gleichen Gebiete, sprich Lymphknoten, Leber und Lunge? Knochen, Kopf?«

Aus dem Augenwinkel sah ich, wie der Stationsarzt, der daneben stand, eine Braue hochzog. In meinen Augen würde er ewig der Stationsarzt bleiben, wenn überhaupt.

Der Oberarzt aber war tatsächlich ein Junge geblieben. »Die Statistik sagt uns, dass die Reiter in der Regel immer auf den gleichen Wegen voranpreschen«, meinte er und ging nicht nur auf mein inneres Bild ein, sondern verstand auch, welchem

Gedanken es entsprang. »Lösen Sie sich von der Überlegung, dass der erste Krebs mit diesem zusammenhängt. Es gibt Leute, bei denen spielen sich die Krankheiten im Herzen ab oder im Stoffwechsel. Bei Ihnen ist es das Immunsystem. Sie hatten erst ein Zervixkarzinom, und jetzt sitzt ein Tumor in der Brust.«

Er konnte nicht ahnen, dass er mir mit seinen Worten eine Absolution erteilte. Die Schuldgefühle, nach dem ersten Krebs noch ein Kind bekommen zu haben, hatten sich in den vergangenen Nächten in mein Denken gebohrt wie giftige Pfeile in Herz und Hirn.

»Wie lange?«, fragte ich knapp.

»Chemo?«

Ich nickte.

»Nun, wir müssen noch das Szintigramm abwarten ...« Fast hätte er sich doch noch hinter den Krankenblättern versteckt. Aber dann sah er auf und suchte meinen Blick.

»Sieben Monate, vielleicht acht. Danach OP und anschließend Bestrahlung.«

»Ab wann?«

»Übermorgen. Wir wollen jetzt keine Zeit mehr verlieren.«

Ich nickte noch einmal. Dann stand ich auf und dankte ihm, dass er sich Zeit genommen hatte, all meine Fragen zu beantworten.

Als ich das Zimmer verließ, stürmten die Pferde dröhnend über mich hinweg und hinterließen ein verwüstetes Land.

Vor der Tür warteten Christel und Hanna auf mich.

»Ich muss noch das Szintigramm abwarten«, sagte ich ausweichend.

»Wirscht sehn, in vier Wochn homma den ganzn Albtraam schoa hinta uns. Wenn i Glück hob, werd i nächste Woch operiert!« Christel strömte Zuversicht aus. »Jetzt wart ma, wos mit da Hanna is, und dann geama in Biergartn.«

Lachend wehrte ich ab. Ich wollte heim, zu Lara.

Doch zuerst war Hanna an der Reihe. Bang warteten wir vor der Tür. Nach zehn Minuten stürmte sie hinaus, fiel uns förmlich um den Hals. Verzweiflung hatte sich ihrer bemächtigt, Verzweiflung und Wut. Sie trat gegen den Wasserspender, schimpfte und fluchte.

Nach einer Weile konnte sie sprechen. Sie würde operiert werden, anschließend sollte aller Voraussicht nach eine Chemotherapie folgen.

»Wie lange?«, fragte ich.

»Sechs Wochen«, sagte sie und weinte wieder.

Christel fluchte kurz und bündig, dann zog sie Hanna mit zu einem heimlichen Besuch in den Biergarten. Die beiden wollten im Krankenhaus übernachten. Am nächsten Morgen, beim Szintigramm, würden wir uns noch einmal sehen.

Ich nahm den Bus, um Lara abzuholen. Mit leerem Blick schaute ich aus dem Fenster. Kräne, überall Kräne. Häuserfluchten, Menschen, die hasteten, nach Schatten suchten.

Im Bus staute sich die Hitze. Ich stieg aus. Draußen war es kaum besser. Das Mauerwerk der Wohnblocks schien alle Wärme zu speichern und nun geballt abzustrahlen. Drückend hing die Luft in den Straßen, Abgase mischten sich mit Staub und dem Gestank von Müll.

Wie freute ich mich, Lara zu sehen. Auf dem Nachhauseweg las ich ihr vor und saugte ihre Lebensfreude in mich auf. Kindlicher Alltag, mit all seinen Entdeckungen, Eroberungen und Beschwerden.

»Gehen wir morgen wieder ins Freibad?«, fragte sie hoffnungsvoll.

»Ich muss doch noch mal ins Krankenhaus. Du kannst mit Sophie gehen.«

»Ach, schade. Die ist so langweilig …«

Der Abend mit ihr verging viel zu schnell. Das Szintigramm beeinträchtigte unsere kleine Idylle; die letzte Hürde, die es zu nehmen galt, bevor die Schwarze Reiterei an der Elbe zugrunde gehen sollte.

Ich schlief wenig in jener Nacht. Am nächsten Morgen blieb kaum Zeit, ich musste ein Taxi in die Klinik nehmen. Ein Arzt spritzte mir ein Radionuklid und erklärte in groben Zügen, was mich erwartete. Zwei bis drei Liter Flüssigkeit sollte ich binnen der nächsten Stunden trinken, damit es sich im Körper verteilte, und um 15 Uhr wiederkommen.

Christel und Hanna peilten bereits wieder den Biergarten an, doch der Ausschank hatte noch geschlossen. Verlassen standen die Bänke auf dem Kies. So irrten wir durch die Straßen, bis wir einen Getränkemarkt ausfindig gemacht und uns ausreichend bestückt hatten.

Noch auf der Straße setzte Christel die Wasserflasche an; sie hatte einen frühen Termin bekommen und musste sich beeilen. »Bah, ein greisligs Zeug«, urteilte sie. »A Weizn wär ma liaba gwesn.« Lachend verzogen wir uns in den Klinikgarten, jede ihre drei Flaschen unter dem Arm.

Hanna hatte sich inzwischen ein wenig gefangen. Ihre Freundin hatte sie am vergangenen Abend besucht und das Beste getan, was einem in dieser Lage zuteil werden kann – sie hatte zugehört, einfach zugehört und sie ermuntert, weiterzusprechen. Nur als Hanna die Schuld für die Krankheit hatte auf sich nehmen wollen, war sie ihr energisch ins Wort gefallen.

Bald darauf verabschiedeten wir uns voneinander, Christel musste zur Untersuchung, Hanna hatte noch einen Labortermin offen. Wir nahmen uns in den Arm und wünschten uns von Herzen Glück für alles, was da kommen mochte.

Die Sonne, heiß und unerbittlich, näherte sich dem Zenit.

Mehr und mehr fügte ich mich ein in die Wirklichkeit, die mich vor einer Woche eingeholt hatte. Ich fühlte mich wie auf einer langen, zu langen Reise, die ich nie hatte antreten wollen. Langsam näherte ich mich der Grenze dessen, was ich meinte tragen zu können.

Erst vergangenes Jahr war eine Frau aus der entfernten Bekanntschaft gestorben. Sie war kaum älter gewesen als ich, hatte Brustkrebs und Metastasen in den Knochen und im Gehirn gehabt. Ihre zehnjährigen Zwillinge lebten jetzt beim Vater in Norwegen.

Ich atmete durch. Bald. Bald würde ich mehr wissen.

Für die Untersuchung lag ich auf einer harten Liege. Eine Gammakamera fuhr über mich hinweg und schoss unzählige Bilder. Da alles krankhaft veränderte Gewebe das zuvor gespritzte Radionuklid anders absorbiert als gesundes, ergaben die Aufnahmen zusammengenommen ein aussagekräftiges Abbild meines Körpers.

Nach einer knappen Stunde war es vorbei. Ich durfte im Wartezimmer Platz nehmen. Mein Kopf war dumpf vor lauter Grübeln.

Gläserne Körper.

Und jeder Körper ein Wunder in sich.

Ein nachdenklicher Arzt mit dicker Brille empfing mich. Er wirkte ein wenig der Welt entrückt, hier, im Kellergeschoss der Klinik, mit sechs, sieben Stockwerken Leid über sich und einer gewaltigen Verantwortung auf den Schultern.

Er zeigte mir die Aufnahmen, als könne ich sie verstehen. Mein Herz pochte vor Aufregung. Eine Stelle am Bein war nicht in Ordnung.

»Aber es sind keine Metastasen«, nuschelte er.

Plötzlich musste ich weinen.

»Haben Sie mich denn nicht verstanden?«, fragte der Professor voller Sorge. »Es ist alles in Ordnung. Sie haben keine Metastasen!«

»Deshalb weine ich ja. Ich bin so froh!«, brachte ich hervor.

Der alte Herr schüttelte den Kopf. Sein Assistent trat zu ihm, ein gedrungener Mittvierziger in blauem Kittel und mit breitem slawischem Akzent. Kameradschaftlich legte er einen Arm um den Professor und den anderen um mich.

»Ach, ist alles Unsinn«, beschied er lachend. »Junge Frau sein traurig, weil nicht wird wiedersehen uns zwei schöne Männer!«

Lara war in aufgeräumter Stimmung, als ich nach Hause kam. So schlimm konnte der Tag mit dem Kindermädchen nicht gewesen sein.

»Das war so toll im Freibad. Kann ich morgen wieder hin?«

»Morgen bist du bei Charlotte, du weißt doch, dass ich die scharfe Medizin bekomme.«

»Bist du dann wieder gesund?«

»Bald!«

Später am Abend rief mich meine Schwester an. Ich hörte den Stein von ihrer Seele fallen, als ich ihr erzählte, das Szintigramm sei in Ordnung gewesen.

»Also hast du morgen die erste Chemo?«

»Ja.« Ich konnte es selbst kaum fassen. Die Ereignisse waren wie eine Welle über mir zusammengeschlagen.

»Wie lange wird das denn gehen?«

Ich antwortete nicht gleich. »Sieben oder acht Monate.«

Eine ganze Weile sagte sie nichts darauf.

»Ich werd's schon schaffen. Morgen um die Zeit habe ich die erste schon hinter mir.«

In der Nacht fand ich nur wenig Ruhe. Der Roman des jungen deutschen Autors über die Äxte schwingenden Protagonisten näherte sich seinem Höhepunkt, einer Schlacht in den düsteren Stollen eines gewaltigen Gebirges. Es würde ein Bestseller werden, davon war ich überzeugt. Nur zu gern flüchtete ich mich in die Abenteuer seiner eigenbrötlerischen Helden. Später schrieb ich Mails an meine engsten Freundinnen; für ausgiebige Gespräche fehlte mir die Kraft. Dann backte ich Brownies für Lara, desinfizierte die Katzentoiletten und putzte das Bad.

Eine unheilvolle Ruhe lag über der Wohnung. Mir war mulmig zumute. Angst vor dem Unbekannten bedrängte mich, Angst vor dem Bombardement mit Chemikalien. »Kampf dem Krebs!« – solche Parolen riefen sonst andere. Mein Körper würde wie ein Schlachtfeld sein, auf dem der Gegner gestellt und eliminiert werden sollte, mit einem ganzen Arsenal an C- und A-Waffen …

Ich rief mich zur Räson. Schließlich tobte gerade im Irak ein wirklicher Krieg, dort wurden die Kinder eines anderen Propheten dahingerafft. Unter ihnen waren gewiss auch Frauen, die unter Chemotherapie standen, während rings um sie eine Welt zerbrach.

Und wie viele Krebskranke in Entwicklungsländern hatten niemals das Geld, eine solche Behandlung zu bezahlen? Ich musste an Conchita denken, die bis tief in die Nacht Büros und Arztpraxen putzte, um ihrer Schwester in Venezuela eine Chemotherapie zu bezahlen.

Scham überkam mich und paarte sich mit dem Druck, für Lara gesund werden zu müssen.

Ich ging den sichersten Weg, um Zeit zu gewinnen.

Wo aber bleibe ich dabei?, fragte eine zaghafte Stimme in mir.

Matt legte ich mich zu Bett und sank bald in den Schlaf.

KAPITEL 4

Und Alyscha rannte …

… Vieles von eurem Schmerz ist selbst gewählt.
Er ist der bittere Trank, mit dem der Arzt
in euch das kranke Ich heilt.
Daher traut dem Arzt und trinkt
seine Arznei schweigend und still:
Denn seine Hand, obwohl schwer und hart,
wird von der zarten Hand des Unsichtbaren gelenkt,
Und der Becher, den er bringt, ist, obwohl er
eure Lippen verbrennt, geformt aus dem Ton,
den der Töpfer mit seinen heiligen Tränen benetzt hat.

Khalil Gibran,
Der Prophet

Fünf Uhr dreißig. Vögel erwachten und stimmten ihr Lied an, um den neuen Tag zu begrüßen. Ich öffnete die Balkontür. Über Nacht hatte die Luft ein wenig abgekühlt, doch der Himmel war ohne Wolken und versprach einen weiteren gnadenlos heißen Sommertag. Eine Meise verfing sich im Katzennetz. Titi und Mignon schnatterten gierig, doch sie kam wieder frei.

Vier Stunden später meldete ich mich auf der Station zur ambulanten Chemotherapie.

Eine Schwester führte mich in das Behandlungszimmer. Es hätte ein freundlicher Raum sein können; Seidenblumen schmückten einen großen Tisch, durch die luftigen Vorhänge fiel das Tageslicht. Fünf Behandlungssessel standen dort, zwei waren belegt.

Während ich auf den Arzt wartete, musterte ich die beiden anderen Frauen verstohlen. Die eine mochte Mitte sechzig sein; auf ihrem Kopf thronte eine graue Perücke. Ein Ständer mit vier Infusionsflaschen stand neben ihr, in ihrem Arm prangte eine Braunüle.

Die andere Frau war jünger; sie hatte ein blauweiß gemustertes Baumwolltuch um den Kopf drapiert. Das sah hübsch aus. Ich sagte es ihr.

»Ach, das Tuch hat mir meine Mutter in Landshut besorgt«, meinte sie. »Die Perücke war mir schon vorletzten Sommer zu heiß – und diesen erst recht.«

»Bekommen Sie denn schon so lange Ihre Chemotherapie?«, fragte ich erschüttert.

»Nein, aber jetzt halt wieder«, sagte sie. »Ich habe Metastasen in der Leber bekommen.«

Das sagte sie so leichthin. Dabei lautete meine Gleichung:

Metastasen = das war's

In wenigen Worten beschrieb sie ihren Weg, dessen Marken OP – Chemo – Rezidiv lauteten. Ihre Art zu sprechen zeugte von der Belastung, doch sie strömte eine Klarheit aus, die ich nur bewundern konnte. Da sie mit weiteren Behandlungen rechnen musste, hatte sie sich einen Port legen lassen, einen ständigen Zugang für Infusionen. Es lag viel Pragmatismus in ihren Worten; Gefühle hörte ich kaum heraus.

Das kurze Gespräch war wie ein Lehrstück für mich, denn meine Überzeugung, dass Metastasen das Ende bedeuteten, geriet erstmals ins Wanken. Es sollte nicht das letzte Mal sein.

An der Tür klopfte es, mein Herz stolperte. Doch es waren nur die beiden Töchter der älteren Patientin, die ihre Mutter ablenken, versorgen und ihr beistehen wollten. Schon bald merkte ich, dass hier auf der ambulanten Station ein reges Treiben herrschte. Verwandte tauchten auf, Ehemänner, Freunde, einmal auch ein Vater. Ich ertappte mich bei dem Wunsch nach einer breiten Männerbrust, die mir Schutz gewährte. Im Geheimen stellte ich mir Michael vor, wie er sich einen Stuhl heranrückte. Er passte nicht hierher. Schade.

Es klopfte ein zweites Mal, diesmal war es der Stationsarzt.

Ich straffte mich. Am Morgen hatte ich in den Spiegel geblickt und mir geschworen, meine Würde zu wahren. Was auch immer mit mir geschähe, ich wollte es tragen, ohne groß zu jammern. Ich hatte mich zurechtgemacht, mein schönstes Leinenkleid angezogen und das Haar, mein *Haar,* ausgiebig gebürstet.

Wir begaben uns in ein kleines Behandlungszimmer. Viel von den Worten, die da fielen, bekam ich nicht mit. Der Stationsarzt sprach vom Ablauf der Behandlung – vier Zyklen A-Taxol, einer Ultraschallkontrolle und vier weiteren Zyklen CMF.

Ich hatte zuvor im medizinischen Lexikon nachgeschlagen; die Ärzte an sämtlichen Kliniken standen derart unter Stress, dass ich meine Denkblockaden hier lieber nicht ausleben wollte. Das Wichtigste aber hatte ich verstanden: Tumorzellen teilen sich schneller als normale Körperzellen, sie sind im Wachsen begriffen. Diesen Vorgang machen sich Zytostatika zunutze. Sie wirken zellschädigend, indem sie auf unterschiedliche Weise das Erbgut der sich teilenden Zellen beeinflussen. Da sie nur Zellen angreifen, die sich im Zellzyklus, nicht aber in der Ruhephase befinden, werden die Chemotherapeutika nach einem festgelegten Schema verabreicht, einem so genannten Zyklus. Ein Zyklus kann eine Gabe, je nach Medikament aber auch zwei oder mehr Gaben beinhalten. Um die Tumorzellen umfassend anzugreifen, hat sich in den letzten Jahren die so genannte Polychemotherapie durchgesetzt, eine Kombination unterschiedlicher Zytostatika, die ihre Wirkung zu verschiedenen Zeitpunkten des Zellzyklus entfalten. Da die Zytostatika nicht unterscheiden können zwischen Tumor- und gewöhnlichen Zellen, sondern generell auf sich schnell teilende Zellen einwirken, werden auch gesunde Zellen beeinträchtigt. Zum einen betrifft dies die roten und weißen Blutkörperchen sowie die Blutplättchen, zum anderen Schleimhäute, Sperma, Eizellen – und die Haare.

An den Verlust der Haare konnte ich noch nicht denken. Der Stationsarzt drückte mir mehrere Prospekte von Perückenstudios in die Hand, die sich auf Krebskranke spezialisiert hatten. Ich steckte sie wortlos in die Tasche.

»Wir pflegen die weiteren Nebenwirkungen nicht im Einzelnen vor der Therapie zu erörtern«, fuhr er fort. »Da besteht die Gefahr, dass die Patienten überreagieren. In der Forschung ist einiges geschehen in den letzten Jahren. Die Präparate sind nicht nur weitaus wirksamer, sondern auch verträglicher geworden. Glauben Sie mir, viele unserer Patientinnen gehen am Tag nach der Behandlung schon wieder essen und am nächsten oder übernächsten Tag zur Arbeit!«

»Keine Sorge«, meinte ich. »Ich neige nicht zum Jammern. Meine Mutter war Lazarettschwester. Wenn wir krank waren, hatte sie immer eine Geschichte parat von Leuten, denen es viel schlechter ging und die ganz tapfer waren.«

Er lächelte und schob mir die Einverständniserklärung zur Unterschrift zu.

Tatsächlich hatte ich mich wenig zu jammern getraut als Kind. Sicher wäre es schöner gewesen, in den Arm genommen und getröstet zu werden. Aber auf diese Weise hatte ich gelernt, von mir zurückzutreten und andere Schicksale nicht aus den Augen zu verlieren

Ich unterschrieb. Die Entscheidung war längst gefallen. Schließlich hatte ich es Lara versprochen.

An diesem Tag sah ich nicht mehr viel von den anderen beiden Patientinnen; wegen des Vorgesprächs war es spät geworden, und die beiden hatten die Prozedur schon bald hinter sich.

Ich suchte mir einen Stuhl am Fenster, stellte mir ein Glas Wasser in Reichweite und machte es mir bequem. Mit Unbehagen dachte ich daran, wie es wohl sein mochte, über

Stunden hinweg an den Stuhl gefesselt zu sein. Aber so freiheitsliebend ich auch war, für Zimperlichkeiten war dies nicht der richtige Augenblick. Der Arzt legte mir die Braunüle, und schon wurde die erste Infusion angehängt, der so genannte Vorlauf. Der Kochsalzlösung waren Kortison und ein starkes Medikament gegen die Übelkeit beigemischt. Das fand ich beruhigend.

Als die Infusion sich dem Ende näherte, klingelte ich.

»So, jetzt kommt der Campari«, verkündete der Arzt scherzhaft. Das Doxorubicin war beißend rot; schnell rann es in meine Ader. Campari hatte mir eigentlich noch nie geschmeckt.

Darauf folgte das Taxol, ein Eibenpräparat; durchsichtig schwappte es da in seiner Flasche am Ständer. Im Gegensatz zum Doxorubicin lief es wie in Zeitlupe durch; die Tropfgeschwindigkeit wurde durch einen so genannten Infusomat geregelt, der lautstark piepste, wenn der Fluss gestört wurde. Dann musste die Schwester kommen und ihn neu einstellen.

Ich war nun allein in dem großen Raum. Um mich abzulenken und zu innerer Ruhe zu finden, hatte ich meinen Diskman eingepackt. Umständlich fischte ich ihn aus meiner Tasche. Das mochte der Infusomat gar nicht, er piepste. Wieder kam die Schwester herbeigeeilt, und ich setzte rasch eine unschuldige Miene auf.

Als ich wieder allein war, legte ich Bachs Cellosuiten in der neuen Einspielung von Mischa Maisky ein. Ich schloss die Augen; meine Phantasie zauberte einen Konzertsaal herbei. Bach mit seinen heilig-sinnlichen Kompositionen hatte mir immer Klarheit geschenkt. Und so strömte seine Musik in meinen Kopf und das Taxol in meine Adern.

Ich gab mir Mühe, stellte mir vor, wie die Wirkstoffe den Tumor aufspürten und seine Zellen angriffen, damit ich weiterleben konnte. Wie sie die schwarzen Sonnen vernichteten.

Mir kam der Gedanke an eine Transformation. Viel lieber, viel, viel lieber hätte ich sie nur im Geist vollzogen. Um weiterzuleben, musste sich etwas umwandeln. Zerstörung in Heilung, Blei in Gold.

Zugleich strengte mich an, was da mit mir geschah. Irgendwann konnte ich die hohen Töne der c-Moll-Suite nicht mehr ertragen, sosehr ich sie auch liebte; mir wurde kalt, ich fror. Ich wollte mich ablenken von den unguten Empfindungen, stellte die Musik ab, versuchte etwas zu lesen. Aber die Buchstaben verschwammen mir vor den Augen. Wie gefangen beobachtete ich die Tropfen, die aus der Flasche herabfielen, dickflüssige Versprechen von Gesundheit, von Normalität.

Ich fühlte mich zunehmend benommen. Die Schwester brachte ein Tablett mit der Essensration für die Chemopatienten – eine Brezel, eine Dose Cola und ein Apfel. Ich lehnte ab, aber die Decke, die sie mir anbot, nahm ich gern.

Die Zeit zog sich schier endlos dahin. Panik wartete hinter einem Vorhang aus Schwere; noch nie hatte ich es ertragen, so *angehängt* zu sein.

Aber ich hatte ja keine Wahl! Als endlich die letzten Tropfen Taxol in meine Adern geronnen waren, atmete ich auf. Es folgte der Nachlauf, eine schlichte Kochsalzlösung mit Vitamin B und C.

Dann, endlich, durfte ich gehen.

Ich nahm den Bus nach Hause, betrachtete die Menschen. Zwei junge Mädchen tuschelten aufgeregt, die eine warf ihr Haar zurück. Schräg gegenüber saß eine alte Frau; die Hitze setzte ihr sichtlich zu. Ich fühlte mich wie eine Fremde mit meinen Pflastern am Arm.

Endlich zu Hause!, dachte ich, als ich die Treppen erklommen hatte. Ich war erschöpft und legte mich hin. Zwei Stunden hatte ich noch für mich allein …

Die Katzen bezogen Wache neben dem Bett, und ich nickte ein.

Als Lara klingelte, war ich ein wenig ausgeruht. Sie warf sich mir in die Arme.

»Du sollst mich tragen!«, rief sie.

Es war eine Prüfung, natürlich. Ich wollte sie bestehen, musste es. So trug ich sie durch die Wohnung und spielte Pferd, bis wir lachend auf das Sofa sanken.

»Jetzt will ich Käsenudeln!«

Auch das schaffte ich. Hinter all der Benommenheit breitete sich vorsichtige Erleichterung in mir aus. Das war es schon?, fragte ich mich und begann zu hoffen. Mir war nicht übel, und nach einer Nacht Schlaf würde die Dumpfheit sicher weichen. Es waren ja auch anstrengende Tage gewesen, bei der Hitze noch dazu! Die Ereignisse hatten sich förmlich überstürzt und mich mitgerissen. Und wenn ich ehrlich war, so war ich vorher schon übermüdet gewesen. Schließlich hatte ich mir Nacht um Nacht mit Arbeit um die Ohren geschlagen.

Wir gingen früh zu Bett. Und die Hoffnung in mir keimte und schlug zarte Wurzeln.

Als der Wecker am nächsten Morgen klingelte, fühlte ich mich nicht viel anders als sonst auch. Sicher, ich war ein wenig wackelig auf den Beinen, das Gesicht war angeschwollen vom Kortison, aber allem Anschein nach spielte mein Körper mit und vertrug die Behandlung.

Ich konnte mein Glück kaum fassen. Also gehörte auch ich zum Gros der Frauen, die eine Chemotherapie wirklich einfach so wegsteckten, wie der Arzt mir prophezeit hatte.

Nachdem ich Lara zum Schulbus gebracht hatte, spürte ich, dass ich dennoch langsam tun musste. Das übliche Tempo – immer drei Dinge auf einmal und alle unter Druck – würde ich an diesem Tag wohl nicht vorlegen können. So nahm ich mir, ganz gegen meine Gewohnheit der letzten acht Jahre, ein wenig Zeit für mich selbst und bereitete mich auf eine Arbeitsbesprechung vor. Es fiel mir schwer, mich zu konzentrieren – kein Wunder, dachte ich. Noch saß mir der Schrecken der vergangenen Woche wie ein böses Tier im Nacken. Die Bedrohlichkeit meiner Lage, all das Ungewisse, die Sorge um Lara und die Furcht vor der Chemotherapie hatten mich auf eine Achterbahn der Gefühle geschickt, auf der mein Ich unheilvoll durcheinander gewirbelt wurde. Ich musste Boden unter den Füßen gewinnen, mich an das neue Leben anpassen. Und etwas ändern.

Nun, immerhin war mir nicht übel. Erleichtert stellte ich die Zwiebäcke, die ich vorsichtshalber gekauft hatte, wieder in den Küchenschrank, frühstückte wie gewohnt mein Obst und machte mich bald darauf auf den Weg in den Verlag.

Marie wartete schon auf mich. Während der vergangenen sechs Jahre, die ich nun schon für sie arbeitete, war sie mir immer mehr ans Herz gewachsen. Noch gut erinnerte ich mich an unsere erste Begegnung. Sie trug einen Gehrock, und wie sie so durch den Korridor schritt, drängte sich mir das Bild von Saint-Exupérys kleinem Prinzen auf. Etwas Fremdes umwehte sie, vielleicht ein Geheimnis. Die Ahnung, dass auch sie so manche Schlucht durchwandert hatte, gepaart mit dem Gefühl einer gewissen Vertrautheit. Schon damals wünschte ich mir, ihr näher zu kommen und sie zu meinen engen Freunden zählen zu dürfen.

Nun wandte sie den Kopf auf ihre typische Art und musterte mich kurz, aber eindringlich.

»Du siehst gut aus«, stellte sie fest, während ihr Blick unvermindert auf mir ruhte.

Niemand sonst konnte eine einfache Aussage so klingen lassen wie sie: als Frage, als Aufforderung, all das zu sagen, was einem auf dem Herzen lag, was über die Lippen kommen wollte – wenn man es denn wollte.

»Weißt du …«, sagte ich, »ich habe mich fest entschlossen, mir nicht die Würde rauben zu lassen. Eine Brust, ja, wenn es sein muss. Aber nicht meine Würde.«

Mehr wollte ich an diesem Tag nicht über die Krankheit reden. Der kleine Prinz spürte es und ließ mich in aller Großmütigkeit gewähren.

Einvernehmlich wandten wir uns der Arbeit zu, aßen später Spaghetti beim Italiener um die Ecke und verabredeten uns vage für die nächsten Tage.

Nun, so kann ich die nächsten Monate irgendwie durchstehen, dachte ich, während ich nach Hause fuhr und auf Lara wartete.

Das Thermometer zeigte 36 Grad. Wir suchten uns ein schattiges Plätzchen hinter dem Haus, ich las ihr vor. Das Gras war längst verdorrt, Gänseblümchen und Löwenzahn ließen die Köpfe hängen. Eine Amsel zeterte. Lara lehnte sich an mich. Nach knapp einer Stunde verschwammen die Buchstaben vor meinen Augen, und ich fing an zu schlottern.

»Ist dir etwa kalt, Mama?«, fragte Lara ungläubig, als mir die Zähne aufeinander schlugen.

Schüttelfrost packte mich wie eine Katze ihr Junges und beutelte mich durch.

»Ich muss hoch, mir ist nicht gut«, sagte ich.

Lara war enttäuscht. »Was, jetzt schon?«

Kleine Kinder sind wie schwarze Löcher, dachte ich noch, als mir finster vor Augen wurde.

»Mama … Mir ist langweilig, wenn du bloß so daliegst und nicht weiter vorliest!«

Laras Stimme riss mich aus der Ohnmacht. »Ich kann jetzt nicht …«, sagte ich mühsam und hasste mich im selben Augenblick für die weinerliche Stimme. Mir war schwindelig, ich zitterte. Und mir wurde übel.

Wie ferngesteuert bewegte ich mich auf mein Zuhause zu. Vier Stockwerke galt es zu bezwingen. Mein Bett erschien mir wie ein rettender Hafen, Hort der Ruhe, Pol des Friedens.

Als ich – endlich – oben angelangt war, erfasste mich eine Übelkeit, wie ich sie nie zuvor gespürt hatte. Sie schien aus dem Innersten meines Körpers aufzusteigen und mein ganzes Sein zu erfassen. Ich rettete mich ins Bad. Schlotternd kauerte ich da und würgte und würgte, doch es wollte nicht besser werden. In mir krampfte sich alles zusammen. Die Übelkeit saß tief, ganz tief in mir. Und während mein Magen längst leer war, kämpfte sich Übles aus jener Tiefe empor und ließ meinen Körper zittern.

»Ich muss auch mal ins Bad!«, rief Lara ungeduldig. »Und ich hab Hunger!«

Wir zwei hatten schon einiges durchgestanden. Einmal, Lara war neun Monate alt, hatten wir beide hohes Fieber. Ich bekam Schüttelfrost, sie glühte und weinte. Zwei dicke Decken um mich geschlungen, schlurfte ich stundenlang durch die Wohnung und trug sie auf dem Arm. Ein andermal musste mir ein Weisheitszahn gezogen werden, die Wunde entzündete sich. Nachts um drei zog ich die Tamponade, welch ein Segen, aber die Wunde blutete und blutete. Lara weinte, wollte gestillt werden. Ich nahm einen großen Karton Kleenex mit ins Bett und legte mich zu ihr. Es gab viele solcher Szenen, wie im Leben jeder Alleinerziehenden. Jedes Mal fühlte ich mich aufgefordert zu hinterfragen, wie tief meine Liebe war.

Und immer war es selbstverständlich und zugleich einfacher, fürsorglich zu sein, statt zu hadern. Auch jetzt, als ich würgend dahockte …

Im Grunde war es gleich, was ich tat, die Übelkeit wurde schließlich nicht besser. Also rappelte ich mich auf, griff mir für alle Fälle das Putzeimerchen und machte mich auf den langen Weg in die Küche.

Die Chemo muss eine Zaubermedizin sein, dachte ich. Binnen Stunden war meine Wohnung größer und größer geworden, der Länge der Wege nach zu schließen.

Ich widerstand der Versuchung, mich auf den nächsten Stuhl sinken zu lassen, verschloss im Geist die Nase gegen die Küchengerüche und bereitete Nudeln mit Butter zu. Ich hatte Glück, Lara war kein anspruchsvolles Kind, was das Essen betraf.

Aber ich konnte mich nicht länger auf den Beinen halten. »Lara … ich glaube, ich muss mich hinlegen. Mir ist so komisch von der scharfen Medizin. Wenn ich mich ausruhe, wird es bestimmt bald besser.«

Endlich liegen …, dachte ich. Lara erfasste die Lage, zumindest beinahe. Sie nahm ihren Teller Nudeln, ein Glas Milch und etwas Obst und setzte sich neben mein Bett. An diesem Abend versorgte sie auch die Katzen, stellte sich den Wecker und ging allein zu Bett.

Matt löschte ich das Licht. Lange lag ich wach, doch irgendwann fielen mir die Augen zu.

Da war ein Kornfeld … Messingfarben waren die Ähren und prall. Ein einsamer Weg teilte das Feld und verlor sich in der Ferne. Leiser Wind kam auf, schickte Wogen über das Korn wie an- und abschwellende Klänge. Eine junge Frau spazierte hindurch, sie hieß Alyscha. Ihr Haar wehte im Wind, es hatte die Farbe von Weizen. Das Gesicht wirkte versonnen, als träume sie vor sich hin.

Einzelne Büsche standen am Wegrand, sie dufteten. Und Mohnblumen, leuchtend rot, Zeugen des Sommers. Bald begrenzte Maschendraht den Weg; hier und da drängte der Wind den Mohn dagegen, Stahl quetschte die zarten Blütenblätter. Und es duftete nicht länger, denn der Weg war jetzt aus Asphalt, der in der Hitze flimmerte und teerig roch.

Alyscha schien es nicht zu stören. Ihr Gang hatte etwas Schwebendes. Sie lief los, breitete übermütig die Arme aus, als wolle sie fliegen. Als liebe sie das Leben mit seinen Versprechen von Wind und Sonne und Fruchtbarkeit.

Von hinten fiel ein Schatten über sie. Erschrocken drehte sie sich um. Sie hatte nicht gemerkt, dass sie verfolgt wurde. Zwölf Typen der übelsten Sorte, die Münder verzerrt und die Gesichter gerötet vor Brutalität. Lässig schlossen sie zu ihr auf.

Alyschas Miene gefror. Dann lief sie kopflos davon.

Die Männer verhöhnten sie, gaben ihr Vorsprung. Sie rannte, schöpfte Hoffnung. Ein Stück weiter stand eine Mühle. Wenn sie schnell war, könnte sie sie erreichen, dort würde man ihr helfen! Und Alyscha rannte und rannte …

Die Männer folgten ihr in einigem Abstand. Sie stanken nach Schweiß und Lust an der Jagd. Alyscha war schnell, aber mit jedem Schritt sanken ihre bloßen Füße tiefer in den Asphalt, der weich geworden war in der Hitze. Bald umschloss er sie wie Fußangeln das Wild.

Verzweifelt kämpfte sie sich vorwärts. Sie hatte doch nur ein wenig durch die Felder spazieren und träumen wollen. Und fliegen, in Gedanken …

Ranken von Brombeer brachten Alyscha zum Straucheln.

Der erste Verfolger schloss zu ihr auf. Sie rappelte sich hoch. Dornige Fesseln legten sich um ihre Fußgelenke. Sie war gezwungen zu verharren, steckte gefangen in beißendem Asphalt, während sie doch rennen, rennen, RENNEN wollte.

Gierig sah er sie an. »Ich treibe dir das Böse aus!«, zischte er und holte zum Schlag aus. Seine Rechte steckte in einem Boxhandschuh. Reste von Erbrochenem hafteten daran. Rissig war das Leder und speckig, wie das Leder einer alten Couch. Jener Couch, auf der Alyscha als Kind vergewaltigt werden sollte.

Und er drosch ihr in den Magen und dann auf den Kopf. Einmal, zweimal, unerbittlich. Er brachte ihr Dumpfheit, dröhnende Dumpfheit, und erstickte all die Fröhlichkeit in Alyscha. Als er von ihr abließ, konnte sie nicht mehr rennen. Sie schleppte sich dahin. Und Alyscha war nicht länger Alyscha.

Sie war ich.

Schweißgebadet wachte ich auf. Ich hatte geträumt – und doch nicht. Die Dumpfheit war geblieben. Sie sollte fortan mein Begleiter sein.

Ich kroch ins Bad und übergab mich.

Lara ging am nächsten Morgen allein zum Bus. Es war ein Kampf gewesen, sie zu überreden. Auf diese Entwicklung der Ereignisse war ich nicht im Geringsten vorbereitet worden. Ich rief in der Klinik an. Man beruhigte mich und empfahl mir ein Mittel namens Zofran gegen die Übelkeit. Ein Anruf bei der Apotheke klärte mich darüber auf, dass ich ein Rezept brauche und das Medikament sehr teuer sei, um die 250 Euro. Ich hätte das Zehnfache bezahlt, so sehr setzte mir die Übelkeit zu.

Fehlte nur das Rezept. Eine halbe Stunde noch, dann würde die Praxis meiner Ärztin öffnen. Sie war eine harsche Frau; im vergangenen Jahr hatte ich sie wegen Schwindelattacken aufgesucht. Die Schilder an ihrer Praxis versprachen neben Allgemeinmedizin östliche Heilweisen, Akupunktur und Verschiedenes mehr. Sie hatte sich Zeit für mich genommen und eine saftige Privatrechnung geschrieben. Als Krebspatientin brauchte ich einen Hausarzt ganz in der Nähe, der die wöchentlichen Blutuntersuchungen veranlasste. Lieber, viel lieber wäre mir meine frühere Ärztin gewesen, doch sie wohnte über eine Stunde Fahrzeit entfernt.

Als die Uhr neun schlug, griff ich wieder zum Telefon und bat um ein Rezept für Zofran. Die Ärztin kam selbst an den Apparat, ich schilderte meinen Zustand.

»Sie können jederzeit vorbeikommen«, sagte sie überfreundlich. »Nehmen Sie sich ein Taxi. Ich hänge Sie gern an eine Zofran-Infusion, dann geht es Ihnen bald besser.«

Das waren die Worte, die ich hören wollte. Woher kam nur mein Misstrauen? Ich dachte an den Preis, den die Apothekerin für die Tabletten genannt hatte.

»Sie wissen schon, dass ich nicht mehr privat versichert bin?«, vergewisserte ich mich und bemühte mich, den Würgereiz zu unterdrücken.

»Wie bitte?«, dröhnte es aus dem Hörer. »Seit wann das denn?«

»Ich bin seit April in der Künstlerkasse und gesetzlich krankenversichert.« Mein Magen krampfte sich zusammen. Wie sollte ich dieses Gespräch in Würde zu Ende führen?

»Also … Haben Sie denn schon MCP-Tropfen probiert?«

»Hören Sie, mir geht es wirklich nicht gut. Sonst riefe ich Sie nicht an. MCP-Tropfen habe ich schon mehrmals erbrochen. Ich kann nicht mehr.«

»Wir wissen ja gar nicht, ob Sie Zofran vertragen.«

»Ich habe es schon in der Klinik bekommen und vertrage es auch«, wandte ich verzweifelt ein.

Widerwillig bot sie an, die Präparateliste durchzusehen, ob sich denn nicht vielleicht eine kleinere, sprich billigere Packung finden ließe. Sie wollte mich zurückrufen.

Ich schaffte es noch eben ins Bad. Alles drehte sich um mich. Vielleicht träumte ich ja wieder von Alyscha, zu deren Peinigern sich nun ein weiterer gesellte.

Nach zehn Minuten läutete das Telefon. »Frau Simon? Ich schreibe Ihnen Zofran vier Milligramm auf. Das kostet dreiundneunzig Euro und muss doch auch reichen. Aber in Zukunft kann ich Ihnen das auf keinen Fall …« Ich legte auf. Unser Gesundheitssystem gebar solche Auswüchse, doch hätte der Berufsethos dergleichen nicht kappen müssen? Mund und Kehle waren bitter und meine Gedanken auch.

In der Hoffnung, an der frischen Luft werde es mir besser gehen, schleppte ich mich zur Apotheke. Es waren liebe und verständige Frauen, die mich dort bedienten. Sie riefen bei der Ärztin an, boten an, das Rezept abzuholen, und gaben mir das verordnete Zofran 4 mg sublingual gleich mit.

Wie ein Süchtiger riss ich die Packung auf und legte mir eine Tablette unter die Zunge. Sie schmeckte süßlich, widerlich süßlich, nach synthetischen Erdbeeren. Langsam verließ ich die Apotheke. Nach zwanzig Schritten vielleicht überkam mich eine neue Welle von Übelkeit. Ich hetzte zu einem nahen Baum, erbrach mich und würgte somit auch die Tablette wieder heraus. Matt lehnte ich mich gegen den Stamm.

Ob ich wohl noch eine Tablette einnehmen konnte?, fragte ich mich, holte den Beipackzettel heraus und las.

Es war die Packung für Kinder. In ihrer Gewinnsucht hatte die Ärztin mir das niedrig dosierte, nach Erdbeeren schmeckende Kinderpräparat verschrieben. Kraft zurückzugehen hatte ich keine.

Der Gedanke an die Kinder, die krebskrank und auf das Erdbeerzofran angewiesen waren, machte mich tieftraurig.

Oft, wenn ich in Unglück gefangen gewesen war, hatte ich den Anblick des Sternenhimmels gesucht, um meinen Platz in der Ordnung der Welt wiederzufinden. Wenn sich die Weite des Alls über mir spannte, fühlte ich mich klein. Dann rückte ich mit all meinen Sorgen fort aus dem Zentrum des Geschehens, fort an den mir angestammten Platz. So wie jetzt.

Es gab weitaus Schlimmeres. Zum Beispiel ein krebskrankes Kind.

Ich machte mich auf den Heimweg.

Zu Hause rief ich meine Schwester an. Sie hatte viel Verständnis, da ich krank war. Und sie setzte sich in den nächsten Zug und kam, um Lara unter ihre Fittiche zu nehmen. Sie besorgte mir auch Zofran für Erwachsene, das ich selbst bezahlte, aber es half nicht mehr.

Im Lauf des Tages bekam ich Gliederschmerzen. Anfangs dachte ich an Ischias; ich war das viele Liegen nicht gewohnt. Die Schmerzen wurden immer stärker, die Nacht war eine Qual.

Noch immer wollte die Übelkeit nicht weichen. Schluckweise trank ich Tee, Medikamente erbrach ich. Immer öfter gaben meine Knie nach, nicht aus Schwäche, sie knickten einfach weg, als hätte ich die Kontrolle darüber verloren. Wenn ich das Bett verlassen musste, bewegte ich mich meist auf allen vieren. Flüchtig dachte ich daran, dass ich mir fest vorgenommen hatte, meine Würde zu wahren. Hohnlachen entrang sich meiner wunden Kehle.

Obwohl … Meinen Geist hatte diese Tortur bislang nicht gebrochen. Vielleicht war er auch einfach zu dumpf dafür.

Gegen Sonntag legte sich die Übelkeit. Ich hatte Durst, doch selbst das Wasser schmeckte beißend. Und nichts schien den Durst stillen zu können. Aber ich war heilfroh, dass ich nicht länger erbrechen musste, und knabberte bald die ersten salzigen Kekse.

Meine Schwester fuhr wieder nach Hause. Die Tage waren anstrengend für sie gewesen; Lara hatte zu Hause bleiben wollen, wohl um die Kontrolle zu behalten. Ich aber hatte nicht gewollt, dass sie die Szenen im Hause Simon mitbekam. Alma hatte alle Überredungskunst aufgebracht, Lara fortzulocken. Nun häuften sich Diddl-Blöcke und Kinderüberraschungseier-Figuren im Wohnzimmer, und ich hatte nicht die Energie, dagegen einzuschreiten. Die vergangenen Tage hatten mich förmlich ausgezehrt, und unvermindert mürbten die Schmerzen in den Gliedern.

Als Lara am Abend endlich schlief, sank ich matt auf mein Bett.

Kraft wich zusehends aus meinem Körper, als sei ich leckgeschlagen. Alles war anstrengend – mich umzudrehen, den Kopf zu heben. Ich wollte mich zudecken, doch selbst das gelang plötzlich nicht mehr. So lag ich da und driftete dahin wie eine Barke auf dem Fluss der Unterwelt. Mein Herz raste, geriet ins Stolpern; Schwäche überkam mich. Der Fluss der Unterwelt hatte mich in ein Tal getragen, das sich einem Kessel gleich mit Wolken füllte.

Das Atmen fiel mir schwer in der dicken Luft. Sie hüllte mich ein und breitete sich über mich wie ein Leichentuch. Mir … mir war es gleich. Flüchtig kam der Gedanke an Lara, wie es denn wäre, wenn das Leben aus mir wiche, sich in den Wolken verlöre und sie mich so fände. Auch das … selbst das war mir gleich. Ein wenig staunte ich darüber, dann verlor sich auch dieses Staunen in den Wolken. Und während ich so dalag und der Druck auf meiner Brust schwerer wurde und immer schwerer, gewahrte ich, wie weit über mir die grauen Wolken lichter wurden. Ein Tor formte sich leicht metallen in der Luft, und auf seinem Bogen waren Zeichen, fremd und doch auch vertraut. Äther drang über die Schwelle.

Ich wollte nach Hause. In mein anderes Reich.

Aber der Fluss des Äthers verharrte, und Dunkelheit umfing mich und zog mich zurück.

Stunden oder Sekunden später erwachte ich. Deckte mich zu, schlief ein. Und lebte weiter.

KAPITEL 5

Wind im Haar

Diese Nacht … weißt du … komm nicht …
Es wird so aussehen, als wäre ich krank … ein bisschen,
als stürbe ich … Es wird dir Schmerz bereiten.
Es wird aussehen, als wäre ich tot, und das wird nicht
wahr sein … Ich kann diesen Leib nicht mitnehmen.
Er ist zu schwer … Aber er wird daliegen wie eine
alte verlassene Hülle. Man soll nicht traurig sein
wegen alten verlassenen Hüllen.

Antoine de Saint-Exupéry,
Der Kleine Prinz

Mama, lies mal!«

Lara und ich saßen beim Frühstück. An einer Wand in unserer Küche hing ein Plakat über Giftpflanzen.

Ich folgte ihrem Fingerzeig. »Eibe – in Klammern Todesbaum.«

»Das ist doch die scharfe Medizin, die du bekommst!«

Sie war ein hochempfindsames Kind. In aller Ruhe erklärte ich ihr, dass manche Pflanzen, wie Fingerhut und auch die Eibe, giftig und heilsam zugleich sind.

»Also ist das so, dass die Eibe das Bösö tötet.«

Ich nickte. Lara hatte den Krebs »Bösö« getauft. Eigentümlicherweise hatte sie in den Monaten vor der Diagnose, in denen der Tumor im Verborgenen gewachsen war, oft von Gut und Böse gesprochen.

»Bist du bös?«, hatte sie mich immer wieder gefragt, was mich zunehmend geärgert hatte. Ich mied solche Schwarzweißkategorien und wollte ihr lieber vermitteln, dass alles seine Gründe hatte, seine Geschichte und seine zwei Seiten, die mehr oder weniger ein Ganzes ergaben. Vergangenen Monat hatte sie eines Nachts einen Pseudokrupp-Anfall erlitten, zum ersten Mal, was ungewöhnlich war für ein siebenjähriges Mädchen. Der Kinderarzt hatte sie homöopathisch behandelt und ihr nach einer ausführlichen Anamnese eine Carcinosinum-Nosode verabreicht. Das war einen Tag vor meiner Erstuntersuchung im Krankenhaus geschehen.

Gut erinnerte ich mich an jenen Augenblick. Ein Schauder war durch mich gefahren, geboren aus der Ahnung, dass der Knoten in meiner Brust wohl doch ein Karzinom und ich in Wahrheit die Ursache für Laras Atemnot war.

Umgeschüttete Milch holte mich in die Wirklichkeit zurück. Während ich Tisch und Boden putzte, erklärte ich ihr, wie die »scharfe Medizin« alle Zellen zerstörte, die schnell wuchsen – Tumorzellen, Haarzellen …

»Deshalb werden mir ja auch bald die Haare ausgehen. Wie ist das denn für dich?«

»Hm, schon komisch. Das kann ich mir noch gar nicht vorstellen. Aber jetzt will ich mit Wasserfarben malen«, sagte sie und breitete sich auf dem Fußboden meines Zimmers aus. Und sie malte Sonnen, gewaltig, tiefgelb mit roten Rändern, die die Erde berührten.

Ich blieb in der Küche. Mein Haar …

Nie zuvor hatte ich mein Haar gemocht. Nun, es war hell, aber doch einen Ton zu dunkel, um blond zu sein, viel zu fein und überdies schnurgerade. Nie zuvor hatte ich mein Haar gemocht oder gar geliebt … so geliebt wie in diesen Tagen, da sein Verlust bevorstand.

Mein erster Gedanke nach der Diagnose war gewesen, nicht mehr aus dem Haus zu gehen. Lebensmittel konnte man sich liefern lassen, und dank E-Mail war es mir möglich, auch von zu Hause aus zu arbeiten. Die drohende Einsamkeit schnürte mir Kehle und Luft ab, aber ich wusste mir keine Lösung.

Eine Perücke würde bei meiner Frisur auf Anhieb jeder als solche erkennen. Blicke Fremder würden auf mich einstürzen, abschätzend, aburteilend. Schlimmer noch das Mitleid, der Mangel an Geheimnis.

Dunkel entsann ich mich an die Indianerperücke, die ich als Kind zu Fasching getragen hatte, blauschwarz mit langen

Zöpfen. In einem Anflug von Fatalismus fielen mir die neonfarbenen Lockenköpfe ein, die das Kaufhaus um die Ecke für närrische Zeiten anbot … Doch der Stachel saß zu tief, als dass ich wirklich darüber hätte lachen können.

Der Verlust der Haare stellte für alle krebskranken Frauen, mit denen ich sprach – und noch sprechen würde –, ein sensibles Thema dar. Gut erinnere ich mich an eine Frau, die stolz von sich gesagt hatte, ihr Ehemann habe sie nie ohne Haare gesehen. Tagsüber trug sie eine Perücke, die sie mehr als tausend Euro gekostet hatte. Abends zog sie im Bad einen Turban über, ging so zu Bett und legte ihn erst ab, wenn das Licht gelöscht und ihr Mann eingeschlafen war. Anfangs konnte ich sie nicht verstehen; es war leicht, über ihr Verhalten zu urteilen. Nach ihrer Brustkrebserkrankung hatten sich Metastasen in der Lunge und Leber gebildet, und sie bekam bereits die zweite Chemotherapie. Vielleicht, dachte ich eines Nachts, als ihr Bild in meine Gedanken drang, vielleicht wünscht sie sich einfach, ihr Mann möge sie hübsch in Erinnerung behalten.

Etwa zwölf Tage nach der ersten Chemotherapie bemerkte ich, wie die Haare stumpf wurden. Ich schaltete Herz und Hirn aus. Vereinbarte einen Termin in einem der Salons, die von der Klinik empfohlen worden waren. Mir graute davor, wie ich aussehen würde, wie hässlich, weil fremd mir selbst gegenüber und denen, die mir lieb und teuer waren.

Der Gang dorthin war schwer. Zweimal lief ich an dem Laden vorbei, beim dritten Anlauf trat ich ein. Es war, als hätte mein Geist wiederum ein Stückchen Realität erobert. *Du hast Krebs, das gehört dazu. Bewahre deine Würde, nimm es an,* raunte er. Ich reckte das Kinn, hielt Ausschau nach der Friseur- und Perückenmeisterin. Sie schnitt gerade einem gut aussehenden Mann in den besten Jahren die Haare. Ich schluckte.

»Ach, Sie kommen wegen der Perücke!«, schallte es durch den Laden. »Gehen Sie doch schon mal nach hinten durch!«

An diesem Abend, meine Tochter schlief bereits, brach ich zusammen. Was die Angst, das gottlose Erbrechen und die tagelangen Schmerzen in den Gliedern nicht geschafft hatten, war nun nicht mehr aufzuhalten. Ich sank auf den Boden meines kleinen, dunklen Flurs und heulte mir die Seele aus dem Leib.

Irgendwann spürte ich eine kühle kleine Hand auf der Schulter.

»Mama … warum weinst du so?« Lara rieb sich verschlafen die Augen.

»Ich bin so traurig, weil ich bald keine Haare mehr habe«, flüsterte ich.

»Ich komm gleich wieder, warte hier!«, sagte sie.

Als hätte ich aufstehen können. Eine ganze Weile darauf kam Lara zurück, zwei regenbogenfarbene Bänder in der Hand, auf die sie bunte Perlen gezogen hatte.

»Schau mal. Ich hab dir Ohrringe gebastelt. Wenn du wieder traurig bist, dann ziehst du sie an.«

Einige Tage später, als ich mich wieder etwas kräftiger fühlte, fuhren wir nach England. Im Jahr zuvor hatte ich die schlichte Schönheit der Southdowns lieben gelernt. Häuser aus dunklem Klinker ducken sich längs der Gleise; zwischen den kleinen Eisenbahnstationen erstrecken sich Wiesen und Auen in sattem Grün. Schafe weiden nahe den Hängen, die sich im Dunst verlieren. Eine Idylle, wenn auch eine trügerische. Ab und an bricht die Erde auf, und unter der Grassode liegt der brüchige Kalk. Nicht weit von hier hat Virginia Woolf Selbstmord begangen.

Wir wohnten in einem viktorianischen Hotel an der Promenade Eastbournes. Drei Meter hoch waren die Wände, und sogar vom Bad aus sah ich das Meer, grau und weit. Gleich unter uns lag der *Bandstand;* eine schnittige Blaskapelle spielte Evergreens, laut, unerbittlich. Paare zwischen siebzig und achtzig fanden sich und tanzten dazu. Das versöhnte mich mit den blechernen Klängen.

Am ersten Abend, als Lara schon schlief, fasste ich in mein Haar. Es ging büschelweise aus. Stunden verbrachte ich vor dem Spiegel, wie gebannt, böse gebannt. Ständig vollführte ich die gleiche Bewegung … Durch das Haar fahren, eine ganze Hand voll Haare, weg damit ins Klo. Durch das Haar fahren, wieder eine ganze Hand voll Haare, wieder weg damit, weg ins Klo. Draußen auf der Promenade kämpfte die Trompete mit den hohen Tönen. Und ich fuhr mir durch das Haar, immer wieder, bis eine fahle Stimme in mir beschloss, dass es Zeit sei, das Licht zu löschen und mich schlafen zu legen.

Am nächsten Morgen rupfte ich weiter.

Ich musste ein Kopftuch beim Frühstück tragen. Balinesische Blumen, braun, auf beigefarbenem Grund.

Später wanderten wir zu den Kalksteinfelsen, ein halber Kilometer, vielleicht auch ein oder zwei. Es war ein weiter Weg. In meinem Mund war der beißende Geschmack, den ich seit der Chemotherapie verspürte. Und ich hatte Durst, einen Durst, den kein Wasser zu löschen vermochte. Doch wie glücklich war ich, als wir die Klippen erreichten. Weiß und brüchig ragten sie vor uns auf, mit duftender Heide bewachsen, Heimstatt wilder Hasen und Vögel.

Weit und breit war kein Mensch zu sehen. Ich zog mein Tuch vom Kopf und ließ noch einmal den Wind durch meine spärlichen Haare wehen. Welch ein Gefühl!

Und wie sollte ich es vermissen.

In einer Felsnische, zwischen Kalk und Feuerstein, verbarg ich eine Strähne meines Haars, legte einen Stein und eine abgebrochene Blume darauf. Vielleicht würde sich einer der Seevögel im nächsten Frühjahr ein Nest daraus bauen.

Die Perücke bestellte ich ab und legte mir stattdessen eine Sammlung von Tüchern und Hüten zu. Lara störte sich wenig an meinem Aussehen. Wenn ich zu Hause ein Tuch trug, nahm sie es mir wieder ab, schaute mich lange an und klappte meine Ohren nach vorn.

Ich lernte erhobenen Hauptes durch die Straßen zu gehen, bei kritischen oder ablehnenden Blicken das Kinn zu recken. Ich lernte auch, wie kalt es ist ohne Haare, und schlief fortan mit dem Kopf unter der Bettdecke.

In England, bei den Kalksteinfelsen, hatte ich mich verabschiedet von meinem Haar. Die Frage, ob ich Eastbourne je wieder sehen würde, hatte jetzt mehr Gewicht als die Sehnsucht nach äußerlicher Unversehrtheit.

Und der nächste Chemozyklus stand bevor.

Angst stahl sich durch die allgegenwärtige Dumpfheit in mein Denken. Ich war unsicher, ob mein Körper es schaffen würde. Alles in mir drängte danach, ungeklärte Angelegenheiten zu regeln. Konflikte hatte ich nie gut ertragen. Doch es gab einen nahen Menschen, mit dem ich reden wollte, reden musste. Missverständnisse hatten uns auseinander getrieben und eine einst wertvolle Freundschaft belastet. Ich fasste mir ein Herz, rief an, erreichte niemanden, schrieb eine Nachricht. Später am Abend rief Gunnar zurück. Es wurde ein nahezu belangloser Austausch, er wollte nicht reden, sondern lieber verdrängen. Mir wurde klar, dass in jedem Einzelnen der Wunsch heranreifen muss, sich auseinander zu setzen. Dass manches über Nacht keimt und anderes über Jahre. Und wieder anderes im Boden verkommt. Wie auch immer, es tat weh. Und es war schwierig für mich, wusste ich doch nicht, ob ich überhaupt noch eine weitere Gelegenheit zum Reden haben würde …

Zugleich fürchtete ich mich vor der Chemo. Nach der ersten Erfahrung mit A-Taxol hatte sich die Aussicht auf die kommenden Monate in mir zu einem Albdruck aufgeblasen, vor dem ich mich am allerliebsten feige verkrochen hätte.

Aber Not macht bekanntermaßen erfinderisch. Im Geheimen stellte ich eine Rechnung auf:

4 Taxols + 8 andere Chemos, die nicht so schlimm werden würden = (eigentlich nur) 4

Eine hatte ich schon hinter mir, die nächste morgen – demnach hätte ich in wenigen Stunden schon die Hälfte geschafft!

Auch war mein Körper einfach zu verwöhnt. Außer Kopfwehtabletten, Galeonen von Cola light und Latte macchiato sowie meiner geheimen Leidenschaft, der Schokolade, wurde ihm nur wenig Ungesundes zuteil. Kein Wunder, dass er gegen die Fülle an Medikamenten aufbegehrt hatte. Jetzt aber wusste er, was Sache war, und würde den nächsten geballten Angriff mit Chemie sicher besser wegstecken.

Und so appellierte ich an mein inneres Stehaufmännchen und machte mich am nächsten Morgen tapfer auf den Weg in die Klinik. Zwei von vier, sagte ich mir vor. Die Hälfte!

Zu Hause erwarteten mich die Katzen. Ich steuerte das Bett an, sie bezogen Wache daneben. Diesmal hatte ich mich schon erbrochen, als die Chemo noch durchgelaufen war.

Das starke Medikament gegen die Übelkeit schien überhaupt nicht mehr zu wirken. Sie hielt viereinhalb Tage lang an. Die Schmerzen in den Gliedern kehrten zurück; am dritten und vierten Tag knickten mir die Knie weg, und ich konnte wiederum nur auf allen vieren durch die Wohnung kriechen.

Ich war allein; während der Ferien hatte meine Schwester Lara für ein paar Tage zu sich genommen. Es tat unsäglich weh, sich nicht um sie kümmern zu können. Doch ich war froh, dass sie nicht mitbekam, wie es mir erging. Wir telefonierten abends und morgens und manchmal auch nachmittags; ich erfand Geschichten für sie von fliegenden Einhörnern und Rittern und Burgen, an denen sie sich noch immer festhält.

Nach einer Woche war das Schlimmste überstanden. Ich aß die köstlichste Semmel meines Lebens, auch wenn sie bitter schmeckte. Sämtliche Schleimhäute brannten, aber draußen … draußen roch es nach Spätsommer. Auf den Wiesen unterm Haus lag das trockene, viel zu früh abgeworfene Laub. Die Bäume waren voller Durst, doch sie lebten. Nie zuvor war ich dem Gefühl des Lebens um mich herum so nahe gewesen. Reines, unverfälschtes *Leben*. Diese Kraft!

Zwei Wochen blieben mir bis zur nächsten Chemo. Ich fühlte mich reich. Zwei Wochen dieses Leben spüren!

Dabei war ich so schwach. Ich wohnte im vierten Stock ohne Aufzug. Der Briefkasten war mein Basislager, der vorgeschriebene wöchentliche Gang zum Labor eine stramme Strecke und der Weg zurück in meine Wohnung Nanga Parbat.

Vielleicht hätte ich die stramme Strecke ausfallen lassen sollen. Die Blutwerte waren mehr als bescheiden, drei Tage später hatte ich hohes Fieber, bekam die erste Lungenentzündung. Ich lernte einmal mehr, dass unser Leben aus Augenblicken besteht, von denen manche kraftvoll und gut und glücklich sind.

Lara war wütend auf mich, dass ich so schwach war. Viele Tage hatten wir uns nicht gesehen, und nun lag ich immer noch die meiste Zeit im Bett, hustete und konnte wegen der niedrigen Leukozyten nicht einmal mit ihr schwimmen gehen. Die Reaktionen anderer Leute verwirrten sie zusätzlich. Natürlich wurde ich angesprochen, wenn wir das Haus verließen und am nahen See spazieren gingen. Manche fragten mich unverblümt aus, um ihre Neugier zu befriedigen. Andere hatten Angst, ihnen könne das Gleiche passieren. Wieder andere boten ihre Hilfe an.

Lara spürte die Betroffenheit der Menschen wie ein Seismograph und verbarg ihre Sorge hinter ausuferndem Trotz. So konnte das nicht weitergehen. Ich fasste mir ein Herz, setzte auf Ehrlichkeit.

»Weißt du, Lara, wenn die Leute hören, dass ich Krebs habe, dann denken sie an früher«, erklärte ich ihr. »Da war das eine ganz schwere Krankheit, an der viele Menschen sogar starben.«

Hinter ihrer Stirn arbeitete es. »Aber da gab es noch nicht die scharfe Medizin, oder?«

»Meine noch nicht. Sie ist schon sehr scharf, schärfer als andere, doch sie hilft. Das bedeutet aber, dass ich ziemlich oft müde bin und schneller krank werde. Es wird auch noch dauern.«

»Aber wie lange denn noch, Mama?«

»Bis nach Weihnachten, das weißt du.« Es schmerzte, aber genau das war nun einmal unsere Realität.

Sie überlegte. »Hast du denn an meinem Geburtstag wieder Haare?«

»Hm, Anfang März … Nun, ich glaube, dann wachsen sie gerade nach. Vielleicht sind sie an deinem Geburtstag so lang wie Titis Fell auf den Ohren.« Unsere spanische Tigerdame hatte wirklich sehr kurzes Fell, was sie von Oktober bis Mai dazu brachte, all ihre Zeit nahe der Heizung zu verbringen.

Laras Gedanken überschlugen sich. »Mama, wenn meine Freunde kommen … an meinem Geburtstag … Also, könntest du dann zum Schluss, wenn du gezaubert hast und alle gehen, das Tuch abziehen?«

Ich musste lachen. Typisch Lara … Ich stellte mir vor, wie ich für eine Horde achtjähriger Mädchen zauberte und zum Höhepunkt der Vorstellung meinen kahlen Schädel präsentierte. »Wahrscheinlich wollt ihr mir dann ein Tattoo auf den Kopf kleben …«

»Au ja. Oder wir machen dir aus Küchenkrepp eine tolle Frisur! Wie bei einer Klopapiermumie.«

Ich nahm sie in den Arm. »Weißt du«, sagte ich, »die anderen bekämen sicher einen Schreck, wie ich aussehe, und zögen dich am Ende in der Schule damit auf. Außerdem ist das für mich nicht so lustig. Ich wäre gern wieder hübsch.«

»Aber ich finde dich hübsch. Ohne Haare hast du so lustige Ohren, sie sehen aus, als würden sie wegstehen. Wie bei einem kleinen Elefanten.«

Unsere gemeinsame Zeit hatte sich gewandelt. Deutlich spürte ich, dass sie meine Stärke herausfordern wollte – doch ich hatte keine übrig. Ich war nachgiebiger, wollte weder streiten noch kämpfen. Eines Tages, das war mir klar, müsste ich sie zurück auf unseren Kurs bringen. Es würde nicht einfach werden.

Der Jahrhundertsommer wich einem unsteten Herbst. Mehr und mehr stellte sich Routine bei uns ein. Einmal wöchentlich fuhr ich zu Dr. Peter, meiner früheren Hausärztin, die eine Praxis nahe der Isar führte. Sie war eine ungewöhnliche Persönlichkeit, die ihre Stärke großzügig auf andere übertrug. Und sie kannte wunderbare Hausmittel. Majoranbutter half mir beim Durchatmen, wenn mir gerade einmal nicht übel war. Gegen den beißenden Geschmack im Mund kaute ich auf ihr Anraten Olivenöl, bis es bitter wurde. Sie verschrieb mir Lymphdrainagen, die die Schmerzen in den Beinen linderten. Und sie nahm Anteil, was mich rührte. Wenn ich zur Blutentnahme kam, was sich im Lauf der Monate als übles Gestocher gestaltete, stellte sie zwei eigentümliche Figuren neben das Tablett mit dem Desinfektionsmittel: einen stolzen Spanier und eine Jungfrau Maria. Sie stammten aus einem kleinen Woodoo-Laden in New York, und sie hatte sie als Wächter für mich besorgen lassen.

Manchmal hatte ich leise Zweifel, ob die Kräuterrezepte wirklich von der alten Kinderfrau ihrer Jugend stammten.

Wer mochte schon sagen, mit welchen Mächten sie im Bunde stand …? Doch es waren nur gute, so viel stand fest.

Die Zahl der Leukozyten in meinem Blut gebot fortan über unser tägliches Leben. Hatte ich die Dreitausend erreicht und war nicht krank – und Lara und meine Helfer ebenso wenig –, musste die nächste Chemo wie geplant stattfinden. Dann stand Annelies mit ihren beiden Töchtern parat, um Lara nach der Schule zu sich zu nehmen. Sie brachte sie später am Abend zu mir nach Hause, und meist hatte Lara nicht nur einen ereignisreichen Tag mit ihren Freundinnen Charlotte und Johanna erlebt – zwei aufgeweckten Mädchen mit engelsgleichen Gesichtern und Teufelchen hinter den Ohren – , sondern auch schon gegessen, wofür ich wegen der Küchendünste besonders dankbar war.

Aber es war weit mehr als ein Freundschaftsdienst, den Annelies mir leistete. Wann immer ich in die Klinik aufbrach, saß mir die Sorge im Nacken, dass sich etwas Unvorhergesehenes ereignen könne. Die körperliche Belastung der Chemotherapie hatte sich nicht vermindert, oft raste mein Herz oder setzte einen Takt lang aus. Sollte ich im Notfall in der Klinik bleiben müssen, wusste ich Lara bei ihr in besten Händen. Sie vereinte Geborgenheit und Klarheit in ihrem Wesen, eine wahrhaft Halt gebende Kombination.

Dann war da Nellie, die Lara morgens zum Schulbus brachte, wenn ich zu schwach war, mich zu meinem Basislager zu begeben, und sie mittags bis vor die Haustür begleitete. Sie hatte die Gabe, die unendlich wertvolle Gabe, mir das Annehmen von Hilfe leicht zu machen.

Für die folgenden Nachmittage kam ein Kindermädchen – oder meine Schwester Alma. Sie war allein stehend und konnte wegen einer tückischen Autoimmunkrankheit nicht arbeiten, hatte also meist Zeit für uns, wenn auch nicht immer genug

Kraft. Zwischen Lara und ihr wuchs in diesen Monaten eine innige Vertrautheit. Ich hatte Hemmungen, ihre Hilfe anzunehmen, konnte nur hoffen, dass ich sie nicht überstrapazierte, und darauf vertrauen, dass die Liebe, die Lara ihr schenkte, alle Mühe aufwog.

Mir war es bislang immer schwer gefallen, Hilfe einzufordern. Früh schon hatte ich das Gefühl gehabt, alles allein schaffen zu müssen. Dabei gab es einige Menschen in meinem Umfeld, die gern einspringen, etwas tun wollten. Ich hätte sie nur fragen müssen … Manche setzten sich einfach über meine Hürden hinweg und handelten. Stellten Katzenstreu vor die Tür, brachten die Post hoch. Anderen schrieb ich und erhielt nie eine Antwort.

Sie taten sich selbst damit weh.

Die guten Tage innerhalb eines Chemotherapiezyklus reduzierten sich bald auf drei oder vier. Das war hart, zumal ich meine Arbeit erledigen musste, irgendwie. Von den lähmenden Pflichten des Alltags ganz zu schweigen …

Obwohl ich so wenig wie möglich unter Leute ging, fing ich jeden Infekt auf. Hatte ich früher auf die Selbstheilungskräfte des Körpers gesetzt und außer Naturheilmitteln kaum etwas eingenommen, spürte ich jetzt deutlich, wie der Körper immer mehr abbaute, Infekte sich unkontrolliert ausbreiteten und es wiederholt notwendig wurde, Antibiotika zu nehmen.

Eines Freitagabends saß ich mit Lara in der Küche. Sie interessierte sich brennend für Schaltjahre und hatte ein System aufgestellt, sie zu identifizieren. Das wollte sie nun an mir erproben.

»1982? 1944? 1912? 1998?«

Mir wurde heißer und heißer. Mit dem Fieberthermometer im Mund musste ich wenigstens nicht antworten.

»Nick einfach, oder schüttel den Kopf!«, drängte sie.

Plötzliches hohes Fieber war bei den Ärzten nicht sonderlich beliebt, bestand doch die Gefahr einer Agranulozytose, die umgehend behandelt werden musste. Als in der Nacht das Fieberthermometer 39,6 Grad zeigte, rief ich vorsichtshalber den Notdienst an, der mich umgehend in die Klinik einweisen wollte – aber wohin mit Lara? Längst schlief sie tief und fest. Wer sollte denn mitten in der Nacht kommen und auf sie aufpassen? Wen würde sie überhaupt akzeptieren? Und wenn ich länger bleiben müsste, was dann?

»Nehmen Sie das Kind halt mit«, riet der Arzt hörbar genervt.

Ich schluckte zwei Paracetamol. Als die Notärztin eine Stunde später kam, war das Fieber ein wenig gesunken. Ein gutes Zeichen! Sie beruhigte mich, diagnostizierte die nächste Lungenentzündung und ließ mir Antibiotika da. Ich atmete hustend auf.

Ende September brachte ich den letzten A-Taxol-Zyklus hinter mich. Erleichterung breitete sich in mir aus. Und es gab – endlich – einen Grund zu feiern: Der Tumor war zurückgegangen! Die Ultraschalluntersuchung zeigte deutlich eine Remission, was hocherfreulich war, da Krebs für gewöhnlich wächst.

Noch während der Stationsarzt mir all dies erklärte, schlich sich ein Gedanke bei mir ein.

»Wenn A-Taxol so gut angeschlagen hat … kann man dann nicht einfach früher operieren? Wozu brauche ich dann noch die nächsten Zyklen?«

Er sah mich an. Der Blick gefiel mir nicht.

Schnell redete ich weiter. Immerhin hatte ich im Internet recherchiert.

»Zumal CMF laut den letzten Studien als veraltetes Mittel gilt und seine Wirksamkeit infrage gestellt wird …«

»Alt, aber bewährt«, wies er mich knapp zurecht.

Ich sah meine Chancen schwinden. Eine blieb mir noch. »Doch wie ich gelesen habe, ist das Leukämierisiko sehr hoch, da ich noch verhältnismäßig jung bin …«

»Sie sind es sowieso schon eingegangen«, beschied er.

Meine Erfahrung neuneinhalb Jahre zuvor hatte mich gelehrt, wann immer notwendig, Rücksprache mit einem Arzt meines Vertrauens zu halten. Als ich die üblichen Nachwirkungen des A-Taxols überstanden hatte – des *letzten* A-Taxols, wie ich mir immer wieder sagte –, suchte ich meine Frauenärztin auf. Dr. Gyliós erklärte mir in aller Geduld, wie A-Taxol und CMF zusammenwirkten und dass die Behandlungszyklen einem Muster folgten, das auf Erfahrungswerten beruhte.

Ich riss mich am Riemen. Sie hatte ja Recht. Wofür hatte ich das alles hinter mich gebracht, wenn ich jetzt die Behandlung abbräche und einen zusätzlichen Unsicherheitsfaktor ins Spiel brächte?

Die Wahrheit lautete, dass die Zytostatika mir stark zugesetzt hatten. Zwar nahm ich ein spezielles Vitamin-B-Präparat für die Nerven, aber ich hatte unentwegt ziehende Schmerzen in den Beinen und im Rücken. Hände und Füße kribbelten, oft spürte ich sie gar nicht mehr richtig. Ich konnte keine Berührung ertragen. Wenn Lara sich zu mir ins Bett kuschelte, rückte ich unwillkürlich von ihr ab. Dann setzte sie nach, ich stand auf.

Ich werde es wieder gutmachen, dachte ich und hoffte im Stillen, dass ich die Gelegenheit dazu bekäme.

Arbeiten konnte ich nur das Nötigste, um unseren kleinen Haushalt über Wasser zu halten. Ich hatte Mühe, mich zu konzentrieren, und ständig schmerzte der Kopf.

Am schlimmsten aber war meine Überreiztheit. Es war nicht so, dass meine Phantasie Schreckgespenster gebar, nein; ich gewahrte lediglich in aller Deutlichkeit, was um mich herum geschah.

Wenn ich durch die Straßen ging, sah ich alle Einzelheiten meiner Umgebung messerscharf hervortreten. Und sie drangen ungehindert auf mich ein.

Häuserwände wurden drohend von Licht und Schatten unterteilt. Dachfirste zerschnitten den Himmel. Mein Blick huschte tiefer. Da ragten Simse asymmetrisch in die Luft. In Ornamenten sammelte sich der Schmutz der Großstadt. Massen von Ruß und Staub hafteten an Häusern, Baumstämmen, Blättern. Überall diese dunklen Spuren! Ich meinte, nicht atmen zu können. Dreckige Poren in Betonwänden, schwarzgraue Rillen an Geländern. Hastig richtete ich die Augen auf den Boden. Moos und Scherben zwischen den Pflastersteinen. Und Ameisen über Ameisen, die nach toten Käfern gierten. Nach Hause, ich wollte nur schnell nach Hause! Straßenlaternen, grell, schmutzbesetzt, summten in einer nervenzerrenden Tonlage. Aus Torbogen blickten Löwenfratzen hämisch herab …

Jeder Spaziergang geriet zum Albtraum. Nachts verfolgten mich die Eindrücke des Tages und raubten mir den nötigen Schlaf. Vielleicht fühlten sich Kleinkinder so und weinten deshalb so oft, weil ihnen ein Wahrnehmungsfilter fehlte und die schrille Umgebung auf sie einstürmte, sie beutelte.

In jenen Tagen nach dem letzten Taxol fürchtete ich, den Verstand und mit ihm jegliche Kontrolle über mich zu verlieren … Zeuge zu sein, wie ich verrückt wurde. Und nichts dagegen tun zu können.

Die Ohrringe meiner Tochter im Gepäck, fuhr ich mit Lara Anfang Oktober für vier Tage nach Spanien, um dringend benötigte Kraft zu schöpfen. In den Straßen von Sitges kannte keiner meine Geschichte; die Sonne brannte Anfang Oktober noch so warm, dass das Tuch um meinen Kopf nicht weiter auffiel. Ich sog die Schönheit der kleinen Künstlerenklave in mich auf, die flirrende Idylle Hand in Hand schlendernder Männerpärchen. Der Blick auf das weite Meer beruhigte meine überreizten Nerven. Ich ließ los, endlich.

Abends schauten wir durch ein Teleskop auf der Promenade den Mond an. Er war so nah, dass ich kein Heimweh mehr nach den Sternen verspürte. Tags darauf sammelten wir Muscheln, eine jede so groß wie die Schleckmuscheln aus meiner Kindheit.

Wind kam auf. Ich sah fremde Haare fliegen, zausende Liebkosungen, zerrende Böen. Wie vermisste ich dieses Spiel in meinem Haar …

»Ich will ins Meer!«, rief Lara.

Die Brandung wirbelte Sand auf, der im Schein der Sonne wie Goldfunken aufleuchtete. Wir tobten in den Wellen, so weit meine bescheidene Kraft reichte.

Wie glücklich ich hier bin, dachte ich und genoss das Gefühl des heranbrandenden Meerwassers, das meinen Körper umspielte. Bis eine hohe Welle kam, mich nach unten zog und mir das Tuch vom Kopf riss.

Ach, ich schämte mich so! Unverkennbar eine Frau im Badeanzug, doch ohne Haare auf dem Kopf, so schutzlos, so … hässlich.

Wie versteinert ließ ich mich auf einer Sandbank nieder, den Blick auf den Horizont gerichtet. Auf meine starre Bitte hin holte Lara mir ein Handtuch, das ich mir hektisch um den Kopf schlang.

Wie schämte ich mich! Ich glaube nicht, dass ich weinte. Es war sicher nur die Gischt, diese salzige Feuchte auf meinem Gesicht.

Damals wusste ich noch nicht, dass ich wenig später meine Augenbrauen und dann meine Wimpern verlieren würde. Ein Mensch ohne Wimpern sieht sehr fremd aus, andersartig, krank. Nach Krebs.

Ich wusste auch noch nicht, dass ein Großteil des Schmerzes, den man begleitend zu seiner Krankheit erfährt, von Mitmenschen verursacht wird. Neugierigen Mitmenschen, gedankenlosen Mitmenschen …

Getuschelte Worte hinter meinem Rücken, gerade noch so dicht hinter mir, dass ich Fetzen davon hören konnte. Blicke und Fragen Fremder, ausweichend, abschätzig. Meidend.

Doch immer gab es auch *Freunde*, die ein Netz um mich knüpften.

Zu Hause rettete mich meine Nachbarin Amalia davor, im Chaos zu versinken. An einem warmen Tag Mitte Oktober saugte sie Staub und Krümel ein; ich schwitzte und hielt das Tuch auf dem Kopf einfach nicht mehr aus. Also warnte ich sie vor und zog es dann kurzerhand aus.

»Aber steht Ihnen!«, sagte sie mit ihrem liebenswerten rumänischen Akzent und nahm mir die Scham.

Meine älteste Schwester Gina besuchte mich einmal. Sie liebte Tiegel und Töpfchen, und ich kannte sie nur wohl frisiert und geschminkt. Hätte sie nicht ein großes musikalisches Talent geerbt, so wäre sie bestimmt Schönheitsberaterin geworden. Es tat mir Leid, sie mit meiner Realität konfrontieren zu müssen, ich fürchtete mich davor. Aber sollte ich mir denn Haare ankleben für die Stunden, die sie bei uns verbrachte?

Als sie mich sah, wie ich da kahl in meinem Bett lag, sagte sie: »So hast du als Baby ausgesehen! Da hattest du auch keine Haare.« Es war der tröstlichste Satz, den ich in all der Zeit über meine Kahlheit vernommen hatte. Er barg Wärme und Angenommenwerden in sich.

Marie, der kleine Prinz, erwartete mich immer als Erste, wenn ich meine Enklave verließ. Dann saßen wir in einem Café, sie zog trockene Kekse aus der Tasche, ich knabberte, und wir redeten.

Eher selten berührte ich dabei das Thema Krankheit. Ich hatte mir nämlich feste Jammerzeiten eingerichtet, und sie endeten immer genau dann, wenn das Erbrechen vorbei war.

Warum sollte ich mir die kostbare und so rare Zeit vermiesen, wenn es mir wieder besser ging? Indem ich darüber sprach, wie schlecht es mir doch *gegangen war,* verlängerte ich ja die üblen Zeiten. Dazu war ich nun wirklich nicht bereit.

Marie gab mir in jenen Tagen stets das Gefühl, dass sie in Bereitschaft war, sollte ich mehr brauchen als Kekse und all ihre bisherigen Freundschaftsdienste. Ansonsten hörte ich mir den neuesten Tratsch an und vernahm, was die Secondhandläden in unserem Viertel zu bieten hatten. Wir lachten viel, denn der kleine Prinz hatte die Gabe, seine überaus lebendigen Beschreibungen mit verhaltener Ironie zu würzen.

Einmal saßen wir gemütlich bei magenschonenden Kartoffeln mit Quark, als unsere Rede auf Bestattungen kam.

An einem meiner guten Tage hatte ich nämlich meinen neuen, alles verbergenden Hut aufgesetzt, das Fahrrad aus dem Keller geholt und war zu einem Bestattungsunternehmen gefahren. Mich hatte interessiert, was da so angeboten wurde. Außerdem hatte ich in Erfahrung bringen wollen, was der Spaß kostete. Meine Reserven waren empfindlich geschrumpft, und vielleicht gab es ja ein günstiges Angebot.

Nun erzählte ich Marie von dem denkwürdigen Besuch. Der Bestattungsunternehmer war leicht perplex gewesen, als ich mich in bester Laune nach den Preisen erkundigt hatte. Höflich hatte er nachgefragt, für wen Urne oder Sarg denn bestimmt seien.

»Für mich natürlich. Ich dachte mir, ich kläre das lieber, wenn es mir gut geht, dann ist das Ganze nicht so traurig«, hatte ich unbeschwert verlauten lassen.

Es war ein schöner Tag gewesen, er hatte außerhalb der festen Jammerzeit gelegen, die Sonne hatte geschienen, und mit dem Wissen, dass der Tumor am Schrumpfen war, lebte es sich unter diesen Umständen nicht schlecht.

Nun weihte ich den kleinen Prinzen ein. »Also, stell dir vor, wenn man in Deutschland eine Seebestattung will, muss man sich für die Ostsee oder die Nordsee entscheiden. Binnenmeer kommt für mich nicht in Frage, bei der Vorstellung kriege ich Klaustrophobie.«

Marie kicherte und hätte sich um ein Haar an ihrem Karottensaft verschluckt.

»Bei der ganzen Verklappung ist die Nordsee auch keine gesunde Wahl. Mir wäre der Atlantik lieber. Danach habe ich den Bestattungsunternehmer auch gefragt. Und weißt du, was er sagte? ›In Baiern homa koan Atlantik.‹ Also muss man dem Angestellten der Reederei den Flug in den Süden bezahlen!«

Wir lachten uns schief bei der Vorstellung, wie ein seriöser Bestattungsangestellter in schwarzem Anzug, mit Hemd, Krawatte und meiner Urne unterm Arm in den Billigflieger stieg und sich unter die bunten Gran-Canaria-Touristen mischte.

Marie hatte instinktiv etwas Grundlegendes verstanden: Sie ließ mich bestimmen, wann und auf welche Weise ich über die ernsten Themen sprach, die mein Leben ausmachten und die ich wohlweislich vor anderen verbarg.

KAPITEL 6

Der Bruder der Dunkelheit

Are you living?
Are you living for love?
When the road gets too tough
is your love strong enough?

The Sisters of Mercy,
Under the Gun

Es war Herbst geworden, doch der gleißende Sommer hatte ihn um seine Farben betrogen. Längst war das Laub der Kastanien braun geworden und verdorrt. An manchen Bäumen bildeten sich neue Blüten; es hieß, ein Schädling sei dafür verantwortlich. Vielleicht war es ja auch der Durst gewesen. Mir erschien es wie ein Zeichen: Dieser Herbst würde trotz allem eine Blüte für mich in sich tragen.

Gleichzeitig war ich mir der Sinnlosigkeit dieser späten Blüte bewusst; in wenigen Wochen käme der Frost, und die Blütenstände würden erfrieren. Werden und Vergehen gesellten sich zueinander, und auch in mir vollzogen sich die Jahreszeiten des Verstehens nicht linear, sondern in Sprüngen. Hoffnung wurde zerschlagen, ich baute an anderer Stelle wieder auf. Und manchmal war ich zornig und holte aus und zerschlug selbst.

Acht einzelne Chemos lagen vor mir, was vier Zyklen mit CMF entsprach. Vier klang eindeutig besser als acht.

Bislang hatte ein Zyklus drei Wochen gedauert. Ich brütete über dem Nachsorgekalender. *Tag 1+8, Wdh. Tag 21,* stand da zu lesen.

Es kann diesmal gar nicht so schlimm werden, sagte ich mir, wenn man nach einer Woche schon wieder in der Lage ist, aus dem Haus zu gehen und sich den nächsten Cocktail verabreichen zu lassen. Unter A-Taxol wäre ich körperlich nicht dazu in der Lage gewesen.

Blieb die Frage, ob die einundzwanzig Tage von Tag eins oder acht an gezählt wurden. Ich fing an zu rechnen. Ende Oktober, Mitte November, Anfang Dezember, Ende Dezember … Das hieße ja, ich könnte noch in diesem Jahr alles hinter mich bringen!!!

Licht tat sich auf am Horizont. Wenn ich nicht krank würde, könnte ich Weihnachten fertig sein! Aus dieser Vorstellung schöpfte ich Mut. Ich musste es schaffen. Ich würde es schaffen!

»Komm, wir machen einen Ausflug!«, rief ich Lara zu. Wenig später setzten wir uns in den nächsten Zug und fuhren an den Tegernsee. Es war Sonntag, die Sonne schien. Und es war windstill. Das war gut, denn so flöge mir der Hut nicht davon. Ich war sehr stolz auf ihn. Er hatte eine biegsame Krempe, verdeckte einiges von meinem blassen Gesicht und sah richtig schick aus. Darunter trug ich mein Tuch, aus Vorsicht, falls der Hut wegfliegen sollte, aber auch deshalb, weil ich am Kopf fror. Insgeheim hegte ich die Illusion, dass man mir den Krebs nicht ansähe, wenn man mich aus angemessener Entfernung betrachtete.

Auf dem ruhigen Wasser des Sees spiegelten sich die Berge. Weit oben auf den Gipfeln lag Schnee, rein und unberührt.

Ein Fährmann setzte uns hinüber ans andere Ufer. Ich freute mich wie ein kleines Kind. Hier war alles ein wenig antiquiert, wie im Märchen. Da fährt der Teufel mit seinen drei goldenen Haaren über den Tegernsee, dachte ich mir.

Wir nahmen die Seilbahn auf den Wallberg. Gen Süden reihten sich Gipfel an Gipfel, wie erstarrte Gebilde aus ewigem Eis, von der Sonne beschienen. Schneefarben leuchtete der Horizont und golden. Lara hatte nur Augen für den Schnee, malte sich Schlittenfahrten aus bis hinab ins Tal, erzählte und erfand Geschichten.

Zwei Tage noch bis zum nächsten Zyklus! Das Abbild der Sonne über den Gipfeln brannte sich in mein Gedächtnis ein. Ich würde davon zehren.

Dienstag, Chemotag. Der Schulbus war zu spät gekommen, ich musste ein Taxi in die Klinik nehmen. Der Fahrer roch nach Zigaretten, sein Hemd wirkte schmuddelig. Ich nannte ihm die Adresse.

»Wo ist denn Ihre Tasche?«, fragte er.

»Ich brauche keine, ich muss nur in die Ambulanz.«

Er musterte mich von der Seite. »Dialyse?«, fragte er.

»Nein.« Ich hatte keine Lust auf eine Unterhaltung. Lieber beschwor ich das Bild der Gipfel in der fernen Sonne herauf. Sonntag war es mir gut gegangen. Es war nicht so leicht, sich erneut in diesen Trott zu begeben. Und ich war unruhig, weil ich nicht wusste, was mich unter CMF erwartete.

»Also Chemotherapie. Hätte ich mir denken können, Sie haben ja keine Haare.«

Bestürzt kontrollierte ich den Sitz meines Hutes. »Woher wissen Sie das?«

Er setzte sich unterm Fahren ein wenig breiter hin. »Da kriegt man 'nen Blick für in meinem Beruf.«

»Ah ja.« Ich war unangenehm berührt. Am liebsten wäre ich ausgestiegen.

»Aber machen Sie sich nichts draus.« Er sog die Luft ein, als nähme er einen tiefen Zug. »Männern gefällt das.«

Ich lachte auf. Es musste künstlich geklungen haben. »So?«, fragte ich und zog die schütteren Brauen hoch. »Sie meinen, Männer mögen es, wenn eine Frau einen kahlen Kopf hat?«

Er wand sich, dann grinste er anzüglich. »Na ja, ich hab an weiter unten gedacht.«

Ein Stich mehr, mitten ins Herz. Wo sonst saß die Verletzlichkeit?

»Möchten Sie mit mir an den Rand fahren und es sich angucken?«, fragte ich. Ich war stolz darauf, dass meine Stimme nicht spitz oder gar dünn klang.

Er wurde sichtlich kleiner auf seinem Sitz.

Ich aber reckte das Kinn und schaute aus dem Fenster. Statt verstopften Straßen und eilenden Menschen sah ich die Bergkuppen. Mein Blick schweifte darüber hinaus. Was wohl dahinter lag … noch mehr Berge, eine weite Ebene und dann das Meer.

Weihnachten, dann hätte ich es geschafft.

In der Klinik lag schon alles bereit. Heute herrschte ein regelrechter Andrang, der Raum war überfüllt. Bevor ich angehängt wurde, hatte ich es mir zur Gewohnheit gemacht, den anderen Frauen Tee oder sonstige Kleinigkeiten zu bringen. Das tat ich auch jetzt. Zwar konnte man aufstehen mit der Infusion im Arm, aber es war ein wenig gefährlich. Auf keinen Fall durfte die Nadel verrutschen oder die Flüssigkeit über den Arm laufen. Es war schließlich keine Kochsalzlösung, die den Krebs tilgen sollte. Man merkte es an den Adern. Hatten die ersten Nadeln noch gut ihr Ziel gefunden, wurde es auf Dauer zunehmend schwieriger zu stechen. Besonders unangenehm waren die Chemos auf dem Handrücken; sie schmerzten hinterher noch um einiges länger.

Als ich schließlich an die Reihe kam, erklärte mir der Arzt kurz die Zusammensetzung von CMF.

Ich hatte auch schon im Internet recherchiert, denn die unterschiedliche Art und Weise, wie die Zytostatika den Tumor angreifen, fand ich ungeheuer spannend. Mit der Kombination von A-Taxol und CMF hatte man ein Sondereinsatzkommando zusammengestellt, das aus verschiedensten Spezialisten bestand. Sie spürten auf, stellten den Tumor und schwächten, vernichteten ihn. Doch es ging nicht allein um den Tumor. Seit er sich ein Blutgefäß zu Eigen gemacht hatte, musste ich allerorten mit seinen Häschern rechnen. Solange sie sich wie ihr großer Bruder verhielten – sprich: sich teilten –, gingen sie den Fahndern ins Netz. Gefährlich war es, wenn sie schliefen. Dann konnte kein Chemotherapeutikum ihnen etwas anhaben.

Die Stimme des Arztes riss mich aus dem Krebskrimi.

»Anders als bei A-Taxol erhalten Sie einen A- und eine Woche darauf einen B-Zyklus. Haben Sie noch weitere Fragen?«

»Wie lange dauert denn die Pause nach dem B-Zyklus? Zwei Wochen, oder?«

»Drei. In genau einem Monat sitzen Sie hier für den zweiten CMF-Zyklus.«

»Aber ... ich dachte, ein ganzer Zyklus dauert drei Wochen ...«, stotterte ich. Mir nichts, dir nichts wurde die Rechnung, die ich voller Hoffnung aufgestellt hatte, zunichte gemacht. Enttäuschung breitete sich in mir aus, während der Vorlauf durch meine Adern rann. Vier Monate noch, *vier lange Monate*. Dabei war es nicht nur ein stiller Wunsch, die Chemo möge bald ein Ende haben. Es war eine Notwendigkeit, so erschöpft, wie ich war.

Ich biss die Zähne zusammen, das hatte ich in letzter Zeit gelernt. Ganz fest die Backenzähne aufeinander pressen und dabei das restliche Gesicht entkrampfen. Das war, als leugnete ich den Schmerz. In Wirklichkeit aber kerkerte ich ihn ein, in mein Herz. Manchmal tat es gut, so hart zu mir zu sein.

Ich fühlte mich weniger ausgeliefert.

Als das Methotrexat gespritzt wurde, wurde mir übel. Ich ärgerte mich über mich selbst. Ach komm, sagte ich mir, das bildest du dir ein! CMF wird besser!

Ich schaffte es gerade bis nach Hause. Dann erbrach ich mich ohne Unterlass. Nichts half dagegen, kein Zofran, kein Zäpfchen. Jetzt bekam ich Angst. Das konnte ich nicht aushalten, vier weitere Monate lang. Meine Kehle war so wund, mein ganzer Bauch schmerzte.

Die Nacht wurde schlimm. Die Übelkeit stieg so plötzlich in mir auf, dass ich kaum reagieren konnte. Also setzte ich mich auf den Badewannenrand und verbrachte dort Stunden im Dämmerschlaf. Den Katzen gefiel es, dass etwas los war; sie kämpften mit dem Badezimmerläufer, attackierten Gummienten, und wenn ich mich vorbeugte, um mich zu erbrechen, sprang mir Mignon vor Begeisterung auf die Schultern und lugte darüber hinweg. Titi musste ich ein ums andere Mal verscheuchen, wenn sie den Kopf in die Toilettenschüssel steckte, um ihre Neugier zu befriedigen. Endlich wurde auch nachts etwas geboten! Ich stellte mir vor, dass jemand mich sähe, ein Außerirdischer oder eine höhere Macht, was auch immer. Da musste ich lachen. Und war dankbar um die pfotige Gesellschaft.

Auch am nächsten Morgen ging es mir nicht besser. Lara hatte bei Charlotte geschlafen. Ich war heilfroh, ihr kein Frühstück machen zu müssen. Um nicht völlig auszutrocknen, trank ich schluckweise schwarzen Tee, konnte ihn aber nicht bei mir behalten.

Während die Zeit quälend langsam verstrich, zog ich mich immer weiter in mich zurück. Irgendwo hinter meinem bewussten Denken war ein Raum der Stille. Wenn ich mich dort hineinbegab, wurde ich zum Beobachter. Was immer mit mir geschah, ich identifizierte mich nicht länger damit. Und als ich mehr und mehr zum Zeugen meines gegenwärtigen Zustands wurde, dachte ich mir: Auch das wird vorübergehen.

Die Übelkeit würde vorübergehen. Die Wundheit in Speiseröhre und Kehle würde vorübergehen. Die Krämpfe im Bauch würden vorübergehen. Und einst würde mein Atmen vorübergehen und mein Herzschlag. Was würde nicht vorübergehen? Was würde bleiben?

Gegen Nachmittag fühlte ich mich besser. Ich behielt den Tee bei mir, lutschte ein wenig Traubenzucker und schöpfte Hoffnung.

Die folgenden Tage war ich noch schwach, aber schon am Sonntag erreichte ich mein Basislager, konnte spazieren gehen und mit Lara Kastanien sammeln. Montag musste ich zum Labor. Die Leukos waren knapp bei dreitausend, das hieß: Der B-Zyklus konnte wie geplant stattfinden. Ein halber Tag blieb mir zum Aufräumen, Putzen, Einkaufen. Alles war besser, als an morgen zu denken. Ich entwarf einen Text für einen österreichischen Produzenten, der fürstlich zahlte. Dann bauten Lara und ich uns eine Höhle, und wir lasen und erzählten bis in die Abendstunden hinein.

In jener Nacht träumte ich wieder von Alyscha.

Sie war blass geworden, die Augen waren gerötet. Die Verfolger hatten ihr ein raues Seil um den Hals geschlungen. Sie ließen sie im Kreis um die alte Mühle gehen wie ein Maultier unter seinem Joch. Bis zum Nacken hoch stapelten sich Säcke auf ihrem Rücken, sie musste sie schleppen. Ihr Weg beschrieb einen weiten Kreis, und sie lief und lief und lief. Ihr Weg war das Ziel, und sie trottete, trottete dahin.

Wie hätte sie sich auch wehren können? Um ihren Hals spannte sich das Seil, es war grob und straff. Trotten oder sterben, nichts anderes blieb.

Sonne brach durch die Wolken. Alyscha sah Vögel sich am Himmel sammeln, sie würden ziehen. Im nächsten Frühling würden sie ihr Lied aufs Neue anstimmen. Alyschas Blick fiel auf die Mühle. Dort im Gebälk würden sie sich Nester bauen.

Langsam, aber stetig drehten sich die Flügel der alten Mühle. So wie die Zeit verging. So wie die Zeit vergehen würde bis zum nächsten Frühjahr mit seinem Grün und seiner neuen Blüte …

Schwere Wolken verdunkelten die Sonne. Alyscha lächelte. Sie wusste, dass hinter den Wolken die Sonne war und mit ihr die Sterne und der Mond.

Risse taten sich auf im Asphalt unter ihren Füßen. Sie stieg darüber hinweg. Breiter wurden die Risse und tiefer. Alyscha glitt aus, doch sie kam wieder hoch und ging weiter, immer weiter. Bald lag Stacheldraht auf dem Weg. Sie riss sich die Haut auf, blutete.

Einer ihrer Verfolger näherte sich ihr, er trat ihr in den Magen. Ein anderer hatte Säure dabei und träufelte sie ihr in Mund und Augen. Alyscha aber hielt nicht inne. Sie wusste, die Sonne war immer da, sie wurde nur verdeckt.

Tatsächlich war das tägliche Leben mühsamer geworden. Statt Mühlsteine schleppte ich Lebensmittel und Katzenstreu herbei und musste die wenigen guten Tage straff organisieren. Vielleicht hätte ich mich zurücklehnen und andere machen lassen sollen – aber wen? Tage konnte man überbrücken und auch Wochen; Monate wurden schwieriger. Sophie, das Kindermädchen, hatte sich verabschiedet; sie hatte uns einen Zettel eingeworfen, auf dem zu lesen stand, dass sie keine Zeit mehr habe. Das tat Lara weh; Sophie war ihr eine Freundin geworden. Sie begriff nicht, dass diese für Geld gearbeitet und nun etwas Besseres gefunden hatte, wo sie nicht mit einer kranken Mutter konfrontiert wurde.

In jenen Wochen hatte ich mich schon so an meinen Zustand gewöhnt, dass mir nicht klar war, wie sehr ich mich auch äußerlich verändert hatte. An einem guten Tag radelte ich mit Lara durch den Englischen Garten. Immer schon hatte ich den Park gemocht mit seinen erdhaften Gerüchen und warmen Farben. Schwache Sonnenstrahlen fielen durch das Astwerk, und hier und da segelte sanft ein Blatt zu Boden.

Ich war stolz, so weit geradelt zu sein. Da erspähte ich ein vertrautes Gesicht. »Andrea!«, rief ich. Menschen hatte ich wenige gesehen in der letzten Zeit. Da waren die Angst vor der Ansteckung, der Mangel an Zeit, der Wunsch, die guten Stunden mit Lara zu verbringen. Umso mehr freute ich mich, Andrea zu begegnen. Vor zwei, drei Jahren waren unsere Kinder in denselben Kindergarten gegangen, und wir hatten uns hin und wieder beim Abholen getroffen und so manches über Musik und Menschen ausgetauscht. Nun stand sie in Jogginghosen vor mir. Doch sie erkannte mich nicht.

»Du bist doch Andrea, die Mutter von Philipp, oder?«

Sie nickte verständnislos.

»Unsere Kinder – sie waren doch im selben Kindergarten, oder verwechsle ich das jetzt?«

Arme Andrea. Sie hatte sich nicht im Griff. Ihre Gesichtszüge entgleisten, als sie mich gezwungenermaßen hinter dem Schatten meiner selbst erkannte. Damals verstand ich es nicht. Wir sprachen über die Kinder. »Und wie geht es dir sonst?«, fragte ich.

»Gut … und dir?«

»Ach, ich bin krank geworden, aber heute ist ein guter Tag. Ich freu mich so, dass ich es bis hierher geschafft habe …«

In meiner Freude über den Anflug von Energie vergaß ich, wie verändert ich auf sie wirken musste. Es wurde ein schreckliches Gespräch. Andrea wollte nicht wahrhaben, womit ich sie zwangsläufig konfrontierte. Sie wollte ihre zehn Kilometer laufen. Ich ließ sie. Sie rief mich nie an. Ein Jahr später erzählte mir eine Bekannte, wie geschockt sie von meinem Anblick gewesen sei.

Ich erinnerte mich daran, wie es mir früher gegangen war, wenn ich Frauen mit Perücken gesehen hatte, Krebspatienten in verschiedenen Stadien der Krankheit. Ich hatte einen Anflug von Hilflosigkeit empfunden, manchmal war ich ausgewichen. Oft hatte ich zugehört. Hin und wieder war ich feige gewesen, hatte mich deswegen geschämt, und ein- oder zweimal hatte ich regelrecht Ablehnung verspürt.

Nun verhielt es sich anders, nun spürte ich Verbundenheit, wenn ich Kranken begegnete. Aber ich hatte den Gesunden ja auch eine Erfahrung voraus.

Wenn wir das Wort Krebs hören, schrillt in uns ein Alarm auf. Er hat einen unverkennbaren, durchdringenden Klang, der an den Nerven zerrt wie sich kreuzende Messer und Gabeln auf geleerten Tellern. Unerbittlich gemahnt er an Schmerzen und Tod, an unser Ausgeliefertsein an das Schicksal, das nicht zwingend ein heiteres sein muss. Hat doch so gut wie jeder einen Menschen in der Familie, der an Krebs gestorben ist – und wenn schon nicht unter den Verwandten, so doch im Kreis seiner Freunde oder Kollegen. Der es zu spät gemerkt hat, bei dem nichts mehr zu machen war. Und dann … dann hat er Schmerzen gekriegt und Morphium, aber das hat auch nicht immer geholfen. Er ist ins Krankenhaus gekommen, und dort hat man ihn allein krepieren lassen; vielleicht hat man auch nur davon gehört, dass er gestorben sei, erlöst von seinem Leiden. Man hat es so hingenommen, sich ein wenig schuldig gefühlt und es beiseite geschoben, weggesteckt.

Oft liegt einem solchen Verhalten Hilflosigkeit zugrunde und öfter der Gedanke an die eigene Vergänglichkeit, die Ahnung, dass keiner vor Krebs gefeit ist, dass es auch einen selbst erwischen kann.

Dabei reicht ein einziges Wort oder ein Lächeln, eine Karte, ein Brief. Ein offenes Ohr für ein, zwei Augenblicke, nicht mehr. Wo wir doch alle eines Tages sterben werden.

Ich konnte Andrea laufen lassen. Soll sie doch ihre Meilen rennen, dachte ich in einem Anflug von Enttäuschung. Aber ich wollte mir den Ausflug nicht selbst vermiesen. Also erfand ich für Lara die Geschichte von Alfons Scherrnhuber, der mit seinem Sohn Luis auf Menorca in der Mittagshitze Minigolf spielte. Eigentlich hatte er schwimmen gehen wollen, aber die Trotzanfälle seines Sohnes waren laut und gefürchtet. Deshalb waren sie jetzt auf dem Minigolfplatz statt am Strand. Luis hatte einen satten Schwung, wenn er schlug, und so büßte Alfons, der unglücklich dastand und zusah, an diesem warmen Tag alle seine Vorderzähne ein. Alfons hatte es wirklich schwer mit Luis, und das nicht zum ersten Mal, und wir lachten und erfanden für ihn noch ein blaues Schienbein und harte Frühstückssemmeln dazu.

Als ich zu Hause ankam, konnte ich Andrea wirklich laufen lassen.

Es war nicht nur sie, die vor mir davonlief, da gab es noch Sophie und Susanna, Rudolf, Gunnar, Max und Moni und Sara, die sich alle nicht mehr gemeldet hatten, Bekannte, Freunde, Kollegen, Verwandte. Sie konnten es nicht. Sie waren nicht dazu in der Lage. Wie auch? Sie teilten meine Erfahrung nicht. Tag um Tag schlossen sie mich ein wenig mehr aus, mieden mich, wenn auch nicht aus bösem Willen. So kam zu allem, was ich zu verstehen und zu lernen und manchmal auch auszuhalten hatte, noch Einsamkeit hinzu.

Ich ließ sie allesamt laufen. Mir war klar, dass jeder selbst bestimmen muss, wann er sich mit der eigenen Vergänglichkeit beschäftigt.

Und ich dachte einmal mehr an meine Freunde, an die, die es waren und noch sein würden, auch wenn ich nicht gesund werden würde. Die sich nicht von mir abwenden würden. Es waren nicht viele, aber genug.

Außer Marie gab es noch Nellie, die eine immer größere Rolle in meinem Leben spielte. Wir waren uns im Sommer zum ersten Mal begegnet, an der Schulbushaltestelle unserer Kinder. Wenn ich Lara morgens selbst hinbringen konnte, redeten und erzählten wir, bis uns die Nasen kalt wurden. Leise staunte ich, dass Nellie mich – völlig unbeirrt vom Krebs – richtig kennen lernen wollte. Neue Bekannte schienen mir in jener Zeit vorzugsweise auf Abstand zu gehen, so als wollten sie sicher sein, dass sich die Investition von Freundlichkeit überhaupt lohne, zumal sie nicht wissen konnten, ob es mich noch lange gäbe. Vielleicht wollten sie auch den Schmerz meiden, mich womöglich wieder zu verlieren.

Nicht so Nellie. Sie war neugierig auf mich, und sie schenkte mir ihre ganze unverblendete Offenheit. Dabei beschränkte sich mein Wortschatz in jenen Tagen wahrhaftig nicht auf Sätze wie »Ach, wie geht es mir so schlecht!« und »Oh, wie war mir letzte Woche übel!«. Meine Jammerzeiten überschritt ich selten. Aber ich hielt meiner Umgebung ungewollt einen Spiegel vor, der ihr das Abbild der eigenen Vergänglichkeit zeigte.

Nellie störte es nicht. Sie war die Frau eines über die Grenzen hinaus bekannten Barden. Zu seinen entlarvenden politischen Texten hatten sich in den vergangenen Jahren stille Poesie und ein tiefes Verständnis der Welt gesellt. Ich genoss die Gespräche mit den beiden. Denn wenn sie sich gelegentlich doch um Krankheit und Sterben drehten, spürte ich, genau wie bei Marie, keinerlei innere Abwehr.

Wie ist es für dich, vielleicht bald zu sterben?

Und wie ist es für dich, wenn ich vielleicht bald sterbe?

Wie ist es für dich, wenn ich verfalle?

Und für dich? Wie ist es für dich?

Leise Gespräche, tief wie das Meer.

Sie wussten, welche Freiheit es mit sich brachte, wenn man über morgen und übermorgen hinausdachte und die Gedanken – zumindest die Gedanken daran – nicht zwingend einen Albdruck heraufbeschworen.

Und es war tatsächlich Freiheit, die in meinem Innern aufbrach. Grenzen des Denkens waren es, die wehtaten. Hatte man sie überschritten, lag ein weites, unberührtes Land vor einem, dessen Wind sachte herüberwehte. Und er sprach von Geheimnissen, die sich mit jedem Atemholen ein klein wenig mehr offenbarten.

In jener Zeit hatte ich einiges gelernt, was das »Annehmen« anbelangte. Viele Menschen, die ich traf, schüttelten den Kopf und meinten: »Warum denn gerade Sie?«

Mir war diese Frage fremd; tatsächlich hatte ich sie mir nie gestellt. Im Spiel des Lebens hatte ich die Karte »Krebs« gezogen; jetzt galt es, etwas daraus zu machen. Und wenn es denn ein Schicksal gäbe, das geschrieben stand, und keinen wahren freien Willen, so besaß ich diese eine Freiheit ganz gewiss: etwas aus dem zu machen, was mir zufiel. Das schuf Geborgenheit in einer Welt, die nicht immer warm und fürsorglich war.

Je länger ich über die Frage nachdachte, desto befremdlicher kam sie mir vor. Hieß es vielleicht gar: »Warum denn gerade Sie … warum nicht ein anderer?« Wünschte der Fragesteller etwa jemand anderem insgeheim den Krebs an den Hals? Mir nicht, nein, ich war ja meistens nett, aber vielleicht der Frau Buschheimer, denn die …die …

Ja, was?, fragte ich mich. Was musste man getan haben, um eine Krankheit zu verdienen?

Der Gedanke, die Krankheit könne eine Art Strafe sein, war mir neu. Mein Gott war nie ein strafender gewesen, sondern stets ein schaffender; vielleicht nichts anderes als die Kraft, die alles und sich selbst erschuf. Und doch befiel mich die Ahnung, dass es Menschen gab, die ihre Krankheit als Strafe, als Geißel Gottes empfanden. Wie verlassen mussten sie sich fühlen.

Mir schenkte die Freiheit, aus allem, was mir widerfuhr, etwas machen zu können, immense Kraft; sie forderte mich heraus, spornte mich an, findig zu sein, mir etwas Neues zu erschaffen. Und so gab es in jenen Wochen zwar viel Alltag, dessen Bewältigung nicht einfach war, aber auch erhebende Momente.

Und es gab tief in mir noch immer den Wunsch, an mein Leben anzuknüpfen, wie es vorher gewesen war … als die Sommersonne heiß herabgeschienen hatte, als Arbeit und Katzen mir den Schlaf geraubt hatten und ich zaghaft einen Schritt hinaus ins Leben hatte wagen wollen. Als ich mir gewünscht hatte, mit Freunden unter Kastanien zu sitzen …

In der folgenden Zeit baute ich immer mehr ab. Meine Leukos waren weiter gesunken, und Freunde zu treffen wurde zunehmend schwierig. Die Einsamkeit war wie ein Kokon, der mich umgab, doch er barg mich nicht schützend, nein, er sonderte mich ab. Nun hockte ich in diesem klebrigen Panzer und wollte festhalten, was noch annähernd so war wie vor dem Krebs, sehnte mich nach Reisen, versuchte zu arbeiten, viel zu arbeiten. Ich machte mich geringer und fischte nach Vergangenem, weil die Zukunft auf einmal wie ein verdorrtes Feld aussah.

Wenn jemand nieste und seine Stimme heiser, nach Erkältung klang, wich ich zurück. Wenn jemand erkannte, dass ich todkrank war, wich er zurück. Unter dem CMF wurden die Schleimhäute geschädigt, Mund, Darm, Blase. Und wieder bekam ich eine Bronchitis und spürte, wie mir die Kraft fehlte, sie zu überwinden, sodass Antibiotika notwendig wurden. Haut riss, und alle Schleimhäute bluteten, und ich erbrach auch außerhalb der Jammerzeiten.

In jenen Tagen aber kündigte sich Besuch an. Noch während der Krebs im Verborgenen gewachsen war, hatte ich Texte als Ghostwriter für einen älteren österreichischen Produzenten geschrieben. Eine echte Herausforderung … Der Mann hatte Geld, und er wollte etwas bewirken. Doch seine Textentwürfe waren alles in allem nicht brauchbar, was er immerhin wusste. Die Kunst bestand darin, sich in ihn hineinzufinden, um zu erspüren, was er eigentlich sagen wollte. Wir hatten das gut gemeistert, am Telefon, per Mail, und nun kam er beruflich nach München und wollte mich gern kennen lernen. Er hatte ein ganzes Bündel neuer Ideen, manche lediglich in zwei, drei Worten skizziert, nicht mehr, und wollte sie mit mir durchsprechen.

Mit mir …

Aber wer war ich überhaupt? Was war von mir übrig geblieben? Und wohin war die Freiheit versickert, die ich zuvor gespürt hatte?

Noch war ich eitel genug, jemandem, der mich schätzte, gefallen zu wollen. Auch wenn ich wie die meisten Frauen überzeugt war, dass alles, was ich trug, an mir wie ein Sack aussah, war immerhin ein Rest Eitelkeit geblieben. Aber mein Auftraggeber wusste um meine Krankheit, und womöglich hatte ich ja Glück, und er sah genauso schlecht wie ich, die ich mich weigerte, eine Brille zu tragen. Er war nämlich schon achtzig.

Tief in meinem Innern lebte die Vision eines leichten, bunten Schmetterlings, der nach Jahresfrist seinem Kokon entfliehen würde. Und so freute ich mich auf das Treffen, sah es als gutes Omen, dass der Termin in die chemofreien Tage fiel, und trug meine russische Samtjacke in die Reinigung.

Einige Tage vor besagtem Treffen tränten mir die Augen so stark, dass ich kaum noch lesen konnte. Das war schwierig, hatte ich doch zu arbeiten. Der Produzent hatte mir drei Worte zum Knobeln gegeben, ich sollte darüber schreiben.

Nachdem Kamillentee und homöopathische Mittelchen nichts ausrichteten, ging ich zum Augenarzt. Er verschrieb mir Tropfen, die nicht halfen, dafür aber brannten.

Als ich am Nachmittag mit einem Papiertaschentuch über die Augen wischte, bemerkte ich lauter schwarze Härchen. Ungläubig betrachtete ich sie. In den nächsten Stunden gingen mir sämtliche Wimpern aus.

Ein Blick in den Spiegel genügte, um mir Tränen in die Augen zu treiben.

An jenem Abend sah ich Alyscha wieder. Sie stand vor meinem Badezimmerspiegel.

Manchmal ist es besser, sich von sich selbst zu lösen, Distanz zu wahren.

Alyscha versuchte sich zu schminken.

Versuchte sich zu schminken, das war es. Sie hatte Lidschatten aufgetragen, dezent, ja, aber er verwischte immer wieder, weil ihre Augen so tränten.

»Ich schreibe gerade einen Artikel über Illusion, Angstzustände und das Fehlen von Licht«, erzählte sie.

Ich gähnte.

»Aber ich dachte daran, mich von der üblichen Assoziationskette wegzubewegen. Also nicht das Entlarven eines Zustands als Illusion, darauf folgende Angstzustände und eine Zeit von Lichtlosigkeit, nein …«

Sie neigte zum Angeben, fand ich.

»Ich möchte es so verknüpfen, dass das Licht die Illusion ist. Dass die Dunkelheit nicht ihr Gegensatz, sondern immer da, immer gegenwärtig ist. Nur sehen wir sie nicht, wenn das Licht zu hell ist.«

Welch ein Unsinn, dachte ich. Obwohl … ich musste an die Sonnenfinsternis denken. Tage vorher hatte ich unsere Sonne durch die schützende Brille betrachtet, und der Anblick hatte mich fast süchtig gemacht. Sie hatte ausgesehen wie ein Trabant, eingebettet in die ewige Dunkelheit des Alls.

»Dunkelheit muss nicht Angst mit sich bringen, wenn wir sie annehmen. Im Mutterleib haben wir kein Licht. Wenn wir uns lieben, schließen wir oftmals die Augen. Und die Dunkelheit ist die Heimat der Sterne.«

Ich wurde nachdenklich. Viele Sonnenuntergänge hatte ich beobachtet, und doch war der Rest eines Rätsels geblieben. Oft dachte ich mir, ich verstünde mehr vom Leben, wenn ich auf dem Pluto leben würde und unsere Sonne nichts anderes sei als ein leuchtender Fixstern, um den ich meine Bahn zog. Vielleicht wäre es dann einfacher, meinen Platz im Universum zu finden. Weniger als stecknadelkopfgroß und doch einzigartig.

Und wenn die Dunkelheit immer da war, nur überblendet von Licht … so war vielleicht auch der Tod immer da, jener Zustand der Seele, in der sie ihr Licht nicht auf der Erde entzündet …

»Und die Schwester der Dunkelheit ist die Liebe. Auch sie ist immer da, nur entfachen wir sie an einem anderen Menschen, an einer Idee, einer Leidenschaft. Sie verschwindet nicht, wenn der andere sich entzieht.« Sie hielt inne. »Oder wenn er stirbt.«

Ich schluckte.

»Überhaupt ist der Tod nur der Bruder der Dunkelheit …«

»… und der Bruder der Liebe?«

»Dunkelheit, Tod und Liebe, vielleicht sind sie wie der Ozean, aus dem wir einst kamen und in den wir wieder eintauchen werden. Kein Grund, Angst zu haben.«

»Trotzdem will ich noch ein bisschen leben«, flüsterte ich.

Alyscha lächelte traurig. »Das liegt nicht in unserer Hand.«

Sie widmete sich wieder ihrem Make-up.

Nach einer Unzeit bekam sie es hin. Nicht viel besser, fand ich. Aber vielleicht sollte ich die Wimperntusche abwarten, bevor ich ein Urteil fasste. Ha, wie denn Wimperntusche, wenn es keine Wimpern mehr gab? Wenigstens musste sie sich nicht um die Frisur kümmern, denn Haare hatte sie sowieso keine mehr auf dem Kopf.

Immerhin merkte sie es. Lange stand sie einfach nur da und blickte ihr Spiegelbild an. »Ich bin nicht Samson. Meine Macht habe ich nicht eingebüßt«, sagte sie schließlich. Dann nahm sie ein Kleenex und schminkte sich ab.

»Jetzt sehe ich aus wie ein Echsenwesen«, meinte sie. »Und blass bin ich auch. Aber ohne Wimpern kann ich mich schlecht zurechtmachen.« Und da stand sie, in meinem Bad, zog eine Grimasse und ging. Nicht zu dem Treffen, das sagte sie ab, sondern zu Bett.

Fahles Licht von der Baustelle draußen fiel auf ihr Gesicht. Hinter ihrer Stirn irrten Gedanken durch ein tristes Labyrinth. Irgendwo mussten doch Hoffnung, Schönheit und Gesundheit sein.

»Weißt du, vielleicht ist das Altern so. Dass der Körper einen im Stich lässt. Aber der Geist ist frei. Ach, wenn man so alt werden kann, das muss gut sein. Ich spüre zwar hier und da Schmerzen …« Sie sprach selten davon, aber ich sah ihr ja an, dass es zermürbende Schmerzen waren. »Doch ich kann darum herumdenken. Ich löse mich ein wenig von meinem Körper, als befände ich selbst mich auf einer Ballonfahrt, und er wäre mit all dem Ballast am Boden geblieben. Und so bin ich frei.«

Dunkel erinnerte ich mich daran, wie leicht und beschwingt sie gerannt war, bevor ihre Verfolger sie eingeholt hatten. Zwölf waren es gewesen, die sie niedergeschlagen hatten, einer in jener Nacht, sieben seither. Noch immer lauerten vier in den Schatten.

Nur noch vier.

Irgendwie, so wusste ich, würde sie … würde *ich* auch dies einstecken.

KAPITEL 7

Spuren im Sand

Geh behutsam deinen Weg
Inmitten des Lärms
Und der Last dieser Welt
Und vergiss nie,
Welcher Frieden im Schweigen liegt …
Du bist ein Kind des Universums,
Nicht weniger als die Bäume und die Sterne.
Du hast ein Recht darauf, hier zu sein.
Und die Kraft des Universums wird sich so entfalten,
Wie es sein soll,
Ob dir das klar ist oder nicht.
Deshalb lebe in Frieden mit Gott,
Was immer du dir unter ihm auch vorstellst …

Mit all ihrem Schein, ihren Kümmernissen
Und zerbrochenen Träumen
Ist diese Welt dennoch wunderbar …

Sankt-Pauls-Kirche,
Baltimore, 1692

Sie müssen sich halt überlegen, warum Sie zum zweiten Mal Krebs in Ihrem weiblichen System haben«, sagte Schwester Friederike. Sagte es, ordnete das Teesortiment und ging.

Sie mochte um die fünfzig sein, auch wenn sie älter aussah. Die Jahre auf der Onkologie hatten an ihr gezehrt. Sie meinte es gut, wollte mich auffordern, über den Krebs nachzudenken. Wie viele Schicksale waren wohl an ihr vorbeigerauscht in all den Jahren?

Vorbeigerauscht …

An diesem Morgen war ich dünnhäutig. Der sechste Zyklus lag hinter mir, und nach einem starken Infekt hatte ich nur wenig Zeit gefunden, mich auf den neuerlichen Beschuss vorzubereiten.

Zu Hause stapelten sich ungelesene Briefe, Rechnungen, Steuerbelege, all das, was mir auch sonst wenig Freude machte. Es kostete Disziplin, nicht zu jammern. Ich hielt mich fest an den Leinen, die Freunde auswarfen. Vergangene Nacht hatte mir der junge Autor des phantastischen Völkchens und Meister des Makabren eine Mail geschickt:

»Tumor ist, wenn man trotzdem lacht.«

Am Morgen hatte ich denn auch die Schellenkappe mit in die Klinik genommen. Nachdem »Einmal zur Epilation bitte!«

nicht mehr aktuell war, hatte ich mich in der Ambulanz mit den Worten »Ich komme zur Nulldiät« angemeldet.

In den vergangenen fünf Monaten hatte ich zehn Kilo an Gewicht verloren, was an sich wirklich ein Grund zur Freude war. Aber es zehrte an meiner Kraft. Über meinen Rücken zogen sich bandförmig Herpesbläschen, die schmerzten. Ich behandelte sie mit einem homöopathischen Puder und sagte niemandem etwas davon, denn ich hatte Sorge, die letzten vier Chemos könnten sich dadurch noch weiter nach hinten verschieben. Ich war wie ein Marathonläufer, der die berüchtigte Mauer überwunden hat, hinter der er einfach immer weiterläuft. Mein Ziel war der achte Zyklus, und ich wollte ihn in Bestzeit erreichen.

Der Gedanke an die letzte Chemotherapie beschwor Sehnsucht herauf. Noch war es Zukunftsmusik, aber sie rückte näher. Nur noch fünf Wochen, vier Chemos ... Im Geheimen hatte ich mir schon eine Belohnung gekauft. Mitte Februar würde Mischa Maisky mit seinem Montagnana-Cello nach München kommen. Ich wollte Marie dazu einladen. Und ich wollte zuhören, ohne das Gefühl zu haben, ein Faustschlag sei auf meinen Kopf niedergegangen.

Ein Schlag auf meinen Kopf ...

Ich erinnerte mich an den ersten Traum von Alyscha, wie ihre zwölf Häscher auf sie eingedrungen waren. Wie das Leder des Boxhandschuhs so speckig geglänzt hatte wie die Couch, auf der sie hätte vergewaltigt werden sollen ...

Schwester Friederike hatte ihre Worte dahingesagt. Meine Augen brannten. So einfach war das nicht! Sie ahnte ja nicht, welche Peiniger sie einlud, während ich gefangen dasaß, an Infusionsschläuchen, unfähig zu fliehen.

Die Spur meines Krebses führte in die Vergangenheit. Zum einen war mein Vater an Krebs erkrankt und vor ihm sein Bruder und der eigene Vater. Mit ihm verlor sich die Spur. Doch es gab noch eine andere.

Fußabdrücke im Sand, die kleiner und kleiner wurden. Sie gehörten einem viereinhalbjährigen Mädchen namens Muriel.

Jeden Sommer fuhr meine Familie für sechs Wochen an die Ostsee. Dann wurden Bahnkoffer gepackt mit Kleidern und Decken und Schaufeln, Orgelnoten für meine älteste Schwester und Süßigkeiten für die Reise. Mit dem Nachtzug ging es nach Hamburg. Am Bahnsteig warteten in aller Frühe die Großeltern mit Bonnsches, frischen Rundstücken und einer Thermoskanne Kakao, um uns zu begrüßen. Eine gute Stunde später fuhren wir weiter nach Lübeck und von dort mit dem Nahverkehrszug nach Neustadt. Ein Taxi holte uns ab und brachte uns in einen kleinen Ort in der Lübecker Bucht, wo wir ein windschiefes Häuschen gemietet hatten. Aufgeregt schauten wir aus dem Fenster. Wer sah als Erster das Meer?

Schon als Kind liebte ich es zu reisen. Hier an der Ostsee war alles anders als zu Hause. Der Boden unter meinen kleinen breiten Füßen klang dumpf von all den Kaninchenbauten, die sich tief unter der Grassode verbargen. Die Luft roch salzig und nach Dünen. Ein Stück hinter dem Haus lag der Oldenburger Graben. Er war ganz von Algen bewachsen und sah aus wie eine Wiese, die leise wogte. Immer hatte ich Angst, mein Ball könnte auf diese Nichtwiese rollen und auf Nimmerwiedersehen davongeschwemmt werden.

Mein Bett teilte ich mit meinem Teddy. Er hatte ein schweres Schicksal, denn ich hatte ihn im vergangenen Frühjahr an den Mandeln operiert. Seither war er nie wieder ganz gesund geworden, im Gegensatz zu meinen beiden Schwestern, die in jener Zeit mit ähnlichen Beschwerden im Krankenhaus gelegen hatten.

Teddy brauchte viel Trost. Er hatte schreien wollen nach der Operation, aber nur ein Brummen zustande gebracht. »Schrei, Teddy!«, hatte ich gerufen und war auf ihm herumgesprungen. Danach war er für immer verstummt.

In den Dünen grasten Schafe. Das Gras am Wegrand schnitt mir in die bloßen Füße. Lieber mochte ich den weichen Sand dahinter, wo wir Quallenfallen und eine Burg um den Strandkorb bauten, in dem meine Eltern saßen und die Ruhe vor uns und den Blick auf das Meer genossen. Ich suchte weiße Herzmuscheln und formte Berge und Hügel, die ich unterhöhlte.

Die schönsten Steine fand man ein Stück weiter südlich am Strand. Da lagen gewaltige Findlinge in Wolkenfarben, in Fellbraun und Hagebuttenrot. Jedes Jahr ging mein Vater mit mir zu den Felsen, und wir maßen unsere Kraft. »Wenn wir einen von ihnen tragen können, nehmen wir ihn mit«, versprach er mir. Und nie hatte er mir einen Grund gegeben, seinen Worten nicht zu trauen.

Teddy mochte die Findlinge lieber als den Strand. Der feine Sand rieb sich in seine Wunde im Hals, und das Meer konnte er gar nicht leiden, weil meine Mutter gedroht hatte, er werde in den Müll kommen, wenn die Holzwolle in seinem Innern nass und schimmelig würde. Sie kannte Teddy nicht gut. Ich wusste, dass er ein Herz hatte und keine Holzwolle. Wenn ich das Ohr ganz fest auf seine Brust legte, konnte ich es schlagen hören.

Also liefen wir zwei zu den Steinen. Ich winkte meiner Schwester Alma zu, damit sie wusste, wo ich war. Sonst würde es Ärger geben.

Teddy und ich machten Spuren in den Sand. Er hatte Plattfüße. Dann setzte ich ihn auf den fellfarbenen Findling und zeigte ihm meinen Schatz: einen toten Seestern. Er war so klein, dass er in die Mulde meiner Hand passte.

Von hinten fiel ein Schatten über mich. Ich bekam einen Schrecken. Am Ende war es Alma, die mir den Seestern klauen wollte!

Aber es war ein Mann. Ich kannte ihn nicht. Er kam mir riesenhaft vor, wie er da vor mir aufragte. Er lächelte mich an, doch etwas stimmte nicht mit dem Lächeln.

Mich fror. Ich stellte mich vor Teddy und meinen Seestern, denn ich wollte nicht, dass er sie sah.

Er guckte nur mich an. Dabei fasste er an seine Badehose und kam auf mich zu. Ich bekam Angst, große Angst, wie bei einem Gewitter. Wenn es donnerte, versteckte ich mich im Bad. Dann musste ich an den Krieg denken, von dem mein Vater manchmal erzählte. Oft schrie mein Vater mitten in der Nacht, wenn er davon geträumt hatte, und ich wachte auf und weinte, so wie er.

Jetzt wollte ich auch schreien, weil ich so Angst hatte, aber das war ja verboten. »Bei uns wird nicht geschrien«, sagte meine Mutter immer mit drohender Stimme.

Der Mann kam näher, immer näher. Und er lächelte so gemein und rieb sich an seiner Badehose, was ich nicht verstand. Ich wollte davonrennen, so schnell ich nur konnte. Hastig wandte ich mich um, griff nach Teddy. Aber da stolperte ich, fiel hart auf den Kopf.

Schwärze, nichts als Schwärze …

Sie umfing mich schützend.

Eine Weile darauf kam ich zu mir. Meine Mutter rief nach mir. Ich bekam Angst, denn sie konnte schlimm schimpfen.

Am Kopf hatte ich eine dicke Beule. Mehr weh tat die Erinnerung an den großen Mann. Ich hatte Angst, er könnte sich irgendwo verstecken. Dann sah ich seine Spuren im Sand. Er war weggelaufen.

Weinend nahm ich Teddy auf den Arm. Den kleinen Seestern konnte ich nicht finden.

»Muriel!«

Jetzt hatte meine Mutter mich gesehen. Völlig außer mir lief ich auf sie zu. Aber sie war böse auf mich, weil sie mich so lange hatte suchen müssen. Ich zeigte auf meine Beule.

»Daran bist du selbst schuld! Wärst du nicht weggelaufen, wäre das nicht passiert!«, schimpfte sie, und ihre Augen leuchteten so grün wie das Schneidegras. »Komm jetzt! Und hör auf zu schreien. Bei uns wird nicht geschrien.«

Ich zitterte, und mir war schlecht. Aber es war ja meine Schuld, die Beule und das mit dem Mann auch. Ich wollte nicht daran denken, denn dann bekam ich solche Angst.

Am Abend, als ich mich in meinen Schlafsack vergrub, biss ich ein Loch in Teddys Brust. Ich wollte ganz sichergehen, dass er ein Herz hatte.

Ich schmeckte Holzwolle auf der Zunge.

Nie sprach ich mit meinen Eltern über jenen Tag bei den Steinen. Ich verschloss mich davor und versiegelte jede Erinnerung daran. Doch ich hatte oft Angst, wenn ich zu Hause auf der Wiese vorm Haus spielte. Dann meinte ich eine Stimme zu hören oder einen Schatten zu sehen, der von hinten über mich fiel, und ich rannte in Panik davon.

»Mann macht aua!«, lautete das Programm, das sich in jenen Tagen in mir installierte. Und: »Du bist selbst schuld daran!«

Mein inneres Übersetzungsprogramm hatte es leicht. Es brauchte bloß einen Satz zu können, er passte auf alle Bemerkungen, die ich zu hören bekam.

Sie müssen halt überlegen, warum Sie zum zweiten Mal Krebs haben = Selbst schuld daran.

Du hast viel zu wenig geschlafen = Selbst schuld daran.

Sie müssen endlich lernen, sich gegen die Krankheit zu wehren = Selbst schuld daran.

An diesem Tag, als Schwester Friederikes Worte mich beinahe vierzig Jahre in die Vergangenheit gestoßen hatten, war ich allein mit einer Frau im Behandlungszimmer. Wir hatten kaum ein Wort miteinander gewechselt. Sie trug eine schwarze Perücke mit dichten Locken; sie musste schönes Haar gehabt haben. Nun bekam sie ihren zweiten Zyklus Taxol. Immer wieder läutete sie nach der Schwester. Ihr tat der Arm weh, dann war ihr kalt, und sie verlangte eine Decke. Ich beobachtete, wie sie zunehmend benommen wurde.

Nach einer Weile kam ihr Vater herein und setzte sich zu ihr. Sie schloss die Augen und litt vor sich hin. Der Vater war ein kleiner Mann weit über sechzig. Er las in der Bibel; es war eine kroatische Ausgabe mit bunten Bildern.

Als seine Tochter eingeschlafen war, erzählte er mit leiser Stimme, wie sie vor Jahren nach Deutschland gekommen waren. Sie fühlten sich noch immer fremd hier und ihrer Wurzeln beraubt. Die Tochter war unglücklich verheiratet, der Mann schlug sie.

Der alte Vater fing an zu weinen.

»Ist meine Schuld, dass krank ist«, sagte er. »Wollte, dass heiratet.« Tränen rannen ihm über die stoppeligen Wangen. Er schnäuzte sich in ein großes kariertes Taschentuch.

Ich versuchte ihm Mut zu machen. Schließlich war mein Tumor zurückgegangen unter dem Taxol.

Der Alte nickte tapfer und schlug seine Bibel wieder auf. Ganz leise sprach er die Verse, bat um Vergebung und schloss auch mich in seine Gebete ein.

Einmal mehr war ich froh, dass mein Vater nicht mitbekam, wie krank ich war.

Viele der Krebskranken, die ich kennen lernte, waren Meister darin, sich selbst die Schuld an allem zuzuweisen. Damit sprachen sie andere gleichermaßen frei. Nur niemandem wehtun, bloß sich selbst ... Schuld wand sich um sie wie harzgetränkte Binden um Mumien, konservierte sie, und manch einer wickelte sich darin ein und wurde so zu Grabe getragen.

Schuld, was war das überhaupt?

Ich überlegte.

Karl fiel mir ein. Karl rauchte. Er bekam Lungenkrebs.

Karl war schuld daran.

Aber warum rauchte Karl? Eigentlich rauchte Karl so viel, seit er seine Arbeit verloren hatte.

War also sein Chef schuld dran, dass Karl rauchte und krank wurde, weil er ihm gekündigt hatte?

Aber Karl hatte wirklich schlechte Arbeit geleistet; seit seine Frau ihn verlassen hatte, war es besonders schlimm geworden.

War dann nicht seine Frau schuld daran? Warum musste sie ihn denn auch verlassen?

Ah, er hatte sie betrogen. Also war doch *er* schuld dran. Halt – war sie nicht gegangen, weil er sie geschlagen hatte? So wie sein Vater ihn geschlagen hatte und die Mutter obendrein? Waren seine Eltern schuld? Was war ihre Geschichte?

Schuld, das ging einher mit einem Verursacher. Ursache, Wirkung ... Mein Blick fiel auf eine Orchidee, die am Fenster stand. Sie barg in eben diesem Augenblick alles in sich, was sie war, gewesen war, werden konnte. Alles war in ihr angelegt, Blüte, Vergehen, neue Blüte; ein neues Blatt, eine Wurzel. Dieses ganze Wunder des Lebens ...Und erst der menschliche Körper mit seinen mannigfaltigen Prozessen, die Sekunde für Sekunde ablaufen, um ihn am Leben zu halten!

Wie passte das zu dem kleinkarierten kausalen Denken von Schuld und Nichtschuld, Ursache und Wirkung?

Meine Gedanken wanderten zur Physik, zu Schrödingers Gedankenexperiment mit der Katze, die gemeinsam mit einem radioaktiven Nuklid und einem speziellen Mechanismus in eine Stahlkammer gesperrt wird. Nach Ablauf der Halbwertszeit des Nuklids ist die Katze mit jeweils fünfzigprozentiger Wahrscheinlichkeit tot oder lebendig, das heißt, die Zustände überlagern sich, beides ist möglich.

Öffnet man den Behälter, wird der Zustand Gewissheit ...

Meine Gedanken schweiften weiter, zur Quantenfeldtheorie. Wenn ich mich von der Kette von Ursache und Wirkung löste und hinaustrat aus der Zeitlinie, dann gewahrte ich einen Zustand, der alles in sich barg.

Und wenn auch ich alles in mir barg, so gehörte dazu – neben vielem anderen – eben die Heilung. Vielleicht nicht die Wahrscheinlichkeit, gesund zu sein, gesund zu werden, aber gewiss die Möglichkeit.

Welche Kraft barg diese Sicht ... Und welche Fesseln hinderten mich daran, danach zu greifen?

Als an diesem Tag die letzte Infusion durchgelaufen war, fühlte ich mich durcheinander gewirbelt und verunsichert zugleich. Gegen meinen Willen musste ich immer wieder an den bösen Mann aus der Zeit meiner Kindheit denken. Tief in mir spürte ich die Auswirkungen seines versuchten Missbrauchs. Damals hatte ich noch Glück gehabt, dachte ich heute. Ich war gestürzt, er hatte Angst bekommen und war fortgelaufen. Ich hatte mehr Glück gehabt, als viele andere hatten und haben und haben werden. Aber auch so hatte er mir wehgetan.

In einer alten Kirche in Irland steht der schöne Spruch:

Verkünde deine Wahrheit ruhig und klar.
Höre auch anderen zu,
sogar den Unwissenden und Törichten:
Denn auch sie haben ihre Geschichte …

Ein jeder hat seine Geschichte, Opfer wie Täter. Und sosehr ich diesen Gedanken verinnerlicht hatte, war jenes Trauma dennoch ein Kapitel meines Lebens, in das ich vorerst kein Licht bringen konnte.

In den folgenden Tagen wurde mir eines klar: Die Chemotherapie würde meinen Krebs nicht heilen.

Ausradieren, ja, aber nicht heilen.

KAPITEL 8

Ein Lächeln voll heilender Hinwendung

Mitgefühl ist unser bestmöglicher Schutz,
und wie die großen Meister der Vergangenheit
schon immer wussten, ist es auch die ergiebigste Quelle
der Heilung … Ich erinnere mich an viele Fälle in Tibet,
in denen Menschen, nachdem sie von ihrer unheilbaren
Krankheit erfahren hatten, ihren gesamten Besitz
verschenkten und auf den Friedhof gingen,
um den Tod zu erwarten. Dort praktizierten sie
das Annehmen des Leidens der anderen –
oft mit der verblüffenden Wirkung, dass sie,
anstatt zu sterben, völlig geheilt heimkehren konnten.

Sogyal Rinpoche,
Funken der Erleuchtung

Es war Nacht, Schnee fiel lautlos auf Schnee. Ich konnte nicht schlafen, meine Beine schmerzten. Das Taxol hatte die Nerven gründlich angegriffen; die Finger, die Füße und die Beine waren nahezu gefühllos geworden. Zwanghaft lief ich umher und fand keine Ruhe.

Die Katzen hatten sich unter der Heizung zusammengerollt. Titi schnurrte, als ich an ihr vorbeikam und ihr ein Katzengeheimnis zuflüsterte.

Verstohlen tastete ich nach dem Tumor. Es war eigentümlich, ihn unter der Haut zu fühlen. War er anfangs prall wie eine Stachelbeere gewesen, tastete ich nun seine zerfallenden Reste. Doch er war nicht tot, noch nicht, er war nur niedergezwungen.

In mir nagte die Sorge. Nach dem derzeitigen Stand belief sich die Prognose, gesund zu werden, kein Rezidiv zu entwickeln, auf ungefähr 60 zu 40 Prozent. Was konnte ich nur tun, um zu den 60 Prozent zu gehören?

Lara stöhnte im Schlaf. Seit einer Weile schlief sie unruhig, träumte schlecht. Leise trat ich in ihr Zimmer und strich ihr über den Körper, bis ihr Atem ruhiger wurde und ihre Züge sich entspannten.

Abend für Abend hatte sie Angst einzuschlafen. »Streichelst du mich heute Nacht?«, fragte sie mit kleiner Stimme. So stand ich, wenn es dunkel war, an ihrem Bett und bewachte sie. Manchmal lächelte sie im Schlaf, wenn ich über ihren

Körper strich. Dann glaubte sie bestimmt, dass alles wieder gut würde.

In jener Nacht, als der Schnee in dicken Flocken zu Boden sank und die letzten Blumen auf meinem Balkon mit einer samtigen Schicht überzog, fand ich keinen Schlaf mehr. Ich knipste ein Licht an und nahm meine Wanderung wieder auf. Irgendwann hielt ich inne vor dem Regal mit ungelesenen Büchern. Neben Sheldrake und Márquez stand ein Buch über tibetische Medizin. Im vergangenen Frühjahr war es mir in die Hände gefallen, und ich hatte es aus dem spontanen Gefühl heraus erstanden, es vielleicht einmal brauchen zu können. Nachdenklich schlug ich es auf und las mich fest.

Tibetische Medizin – *sGo ba Rig-Pa,* was übersetzt »das Wissen vom Heilen« bedeutet – war seit ihren Anfängen mit der buddhistischen Kultur des Landes eng verbunden. Schon früh war man sich der mannigfaltigen Abläufe im menschlichen Körper bewusst. Neben der Heilung durch den Glauben werden der Tradition folgend Kräuterpillen verabreicht, die sich aus zahlreichen Ingredienzien zusammensetzen, was der Vielzahl der körperlichen Vorgänge und krank machenden Faktoren entspricht. Sie sollen dem Patienten den Impuls zum Gesunden geben. Zugleich existiert der Körper nicht getrennt vom Geist:

> »Falsches Denken, das aus dem Nichtwissen um die wahre Natur der Dinge herrührt, wird auch als geistige Verdunklung bezeichnet. Die Wurzeln dieser unheilvollen Gemütsverfassung sind die Drei Gifte des Geistes: die Begierde nach der Erfüllung des Lebensdurstes, der Widerwille oder Hass gegen Hindernisse, die dieser Erfüllung entgegenstehen, und die Verblendung, die sich als Ich-Wahn manifestiert, weil sie sich mit dem ewigen Selbst identifiziert.«
>
> (aus: E. Asshauer, »Tibets sanfte Medizin«, S. 55)

Während ich lesend durch mein kleines Reich wanderte, stieß ich bald auf eine Textstelle, die sich mit Krankheiten oder Störungen befasste, die von »drei mal 360 Geistern« verursacht werden.

Eigentümlich … Krankheiten, die von bösen Geistern verursacht werden. Auf eine unbestimmte Weise flog mich der Ausdruck an. Wie mochte er in unseren Kulturkreis übersetzt lauten? Negative Denkmuster, krank machende Gedanken und Verhaltensweisen? Sagte das schon alles?

Während mein Vater an Krebs erkrankt war, was keiner von uns damals geahnt hatte, war er zuweilen in Ausbrüche von Negativität verfallen, die ihm so gar nicht ähnlich gesehen hatten. Einmal hatte meine Schwester ihre Haare über den Tisch fliegen lassen, was er nicht hatte leiden können. »Da will man ja lieber tot sein!«, hatte er mit gepresster Stimme gesagt, war aufgesprungen und gegangen.

An mir selbst hatte ich Ähnliches bemerkt. Zuweilen war da eine Kraft, die in mir hochschoss, heiße Fontänen aus dunkler Wut, deren Heftigkeit mich erschrak. Negativität, schwarze Sonnen … Böse Geister? Ich sann nach. Jede einzelne Zelle hatte ihren Bauplan, hatte ein Leben. Hatte sie auch ein Bewusstsein?

Die Kraft, aus der alles entstanden war, war für mich allgegenwärtig, Schöpfung fand ihren Widerhall in allem, was da existierte.

Doch was war mit den Krebszellen?

Wann immer sie ihrem Bauplan folgten, zerstörten sie, fraßen auf, überwucherten, woran sie selbst eines Tages zugrunde gingen. Hatten auch sie ein Bewusstsein? Ein in sich verkehrtes, negatives Bewusstsein? Waren es – im übertragenen Sinne – die bösen Geister, die sie antrieben?

Dieses Wuchern in mir machte mir Angst. Dieses Zerfressenwerden. Und dieser Einfluss negativer Kraft, der es wagte, mein wahres Sein zu überdecken.

Es musste etwas geschehen.

Zufall oder Vorsehung wollten es, dass wenige Tage später eine Bekannte meinen Weg kreuzte, die ich seit langem nicht gesehen hatte. Christina war an Rheuma erkrankt und hatte in ihrer Verzweiflung nahezu alles ausprobiert, was die Heilpraktiker in einer Großstadt anboten. Ich fragte sie, wie es ihr gehe. Sie klagte über Schmerzen, »aber nächste Woche kommt ein tibetischer Arzt nach München. Vielleicht kann er mir helfen.«

Seltsam ..., dachte ich, plötzlich aufgeregt, und notierte mir die Nummer. Wieder zu Hause, machte ich sogleich einen Termin aus.

Dr. Dilgo leitete eine Klinik in Tibet und eine in der Schweiz. In München hatte er einen kleinen Patientenstamm, den er auf Spendenbasis behandelte.

Am folgenden Freitag fuhr ich mit Lara in seine kleine Praxis. Ein Mönch begrüßte uns in aller Freundlichkeit und führte mich zu Dr. Dilgo.

Ein Lächeln glitt über seine Züge, als er uns sah. Wärme sprach aus seinen Augen, Wärme und Weisheit. Mein Herz schlug schneller. Hatte ich mich vorher im Suchen nach Heilung verloren, so hatte ich nun das unbestimmte Gefühl, gefunden zu haben.

Ruhe kehrte ein, als ich erzählte, was mich hergeführt hatte. Ich hatte einige Ärzte kennen gelernt in den vergangenen Monaten. Manche waren befangen gewesen, andere dienstlich, wieder andere kameradschaftlich oder gar besorgt. Mitgefühl brachten mir meine Hausärztin und meine Frauenärztin entgegen, denen ich am meisten vertraute. Durch ihre Profession vermochten sie nachzuvollziehen, was die Behandlung einem abverlangte. Und sie waren mit dem Herzen dabei.

Zwischen Säcken duftender Kräuterpillen machte ich hier eine neue Erfahrung. Mitgefühl ist in der buddhistischen Lehre tief verankert; es wird nicht geizig auf Freunde und Verwandte beschränkt, sondern allem zuteil, was lebt, auch der eigenen Person. Zugleich lehrt es das Verstehen und bringt einen auf den Weg des Herzens. Tibeter sprechen gern auch von heilender Hinwendung.

Dr. Dilgo nahm meine Hand und fühlte den Puls. Ich versenkte mich und folgte ihm im Geiste. Da war der Raum der Stille, zeitlos, endlos. Dr. Dilgo schien eine Ecke dieses Raumes anzusteuern, in der sich ihm offenbarte, wie es um mich stand. Im Geheimen betete ich darum, dass sich ihm zeigen möge, was wirklich mit mir war – unabhängig davon, was ich am liebsten hören wollte. Sodann begab ich mich in die Stille. Eine tiefe Ruhe überkam mich und ein Glücksgefühl, dessen Ursprung in unserer wahren Heimat liegen mochte und uns allein in deren Nähe zuteil wird.

Dr. Dilgo verordnete mir tibetische Kräuterpillen, die ich zwei Monate lang einnehmen sollte. Er war guten Mutes. Zwar spürte er die bösen Geister, doch er vertraute darauf, dass ich die Kraft hätte, sie zu bannen. Er spürte auch das Ausmaß der Erschöpfung, welche die lange Chemotherapie mit sich brachte. Dahinter aber gewahrte er, was mich stark machte: Ich hielt das Leben nicht fest, sondern nahm seine Vergänglichkeit an. Und während ich es losließ, genoss ich es, wann immer es mir möglich war.

Auf der Straße fragte ich Lara, was sie denn von dem Arzt halte. Sie hatte dabeigesessen und ein Mädchen gemalt, über dem sich ein Regenbogen schützend spannte.

Sie zuckte die Schultern.

»Was glaubst du denn, was er so getan hat, als er die Finger auf mein Handgelenk gelegt hat?«, fragte ich sie.

»Wieso denn?«, fragte sie zurück. »Er ist halt ganz still geworden, und dann hat er seine Engel gefragt, was du hast und welche Medizin er dir geben soll.«

Am nächsten Tag ging ich mit Marie zum Essen. Ich erzählte ihr von dem Arztbesuch und malte ihn in allerlei Farben aus. Als das Essen kam, packte ich andächtig meine Kräuterpillen aus.

»Sieht aus wie Yak-Dung«, meinte Marie und nahm sich ein Stück Brot aus dem Korb.

In der Klinik begegnete man meinem Ausflug in die Gefilde der tibetischen Medizin mit Offenheit und Wohlwollen. In Österreich liefen derzeit einige Studien, die Polychemotherapien mit der Wirkweise tibetischer Medizin verglichen. Es gab bereits zahlreiche Hinweise darauf, wie östliche und westliche Medizin sich ergänzen, eben auch in der Krebsbehandlung. War ein Körper aus dem Gleichgewicht geraten und krank geworden, schien es sinnvoll, ihm eine Kombination von Wirkstoffen zu verabreichen, aus der er sich nach Bedarf nahm, was immer er benötigte, um wieder ins Gleichgewicht zu kommen.

Zugleich war die tibetische Medizin eine sanfte Heilkunde und der Vorteil des ganzheitlichen Ansatzes nicht von der

Hand zu weisen. Selbst den Verfechtern der Chemotherapie war klar, dass ihre Patientinnen mehr brauchten als die Gabe von Zytostatika in festgelegten zeitlichen Abständen.

Als der Arzt mir die Braunüle legte, kamen wir ins Gespräch.

»Hätte ich keine Tochter«, meinte ich nachdenklich, »so hätte ich niemals in eine Chemo eingewilligt, sondern mich operieren und anschließend wohl mit tibetischer Medizin behandeln lassen.«

»Das bedeutet, Sie messen der Chemotherapie die größere Wirksamkeit zu«, schloss er aus meinen Worten.

Ich überlegte. Nein, das war es nicht.

»Ich denke, ich kann mit ihr am sichersten Zeit schinden«, erwiderte ich nach einer Weile.

Selbst wenn ich es nicht schaffen sollte, zu den 60 Prozent zu gehören, die kein Rezidiv bekamen, war ich mir sicher, mithilfe der Chemotherapie einige Jahre Aufschub zu gewinnen. Jahre, die ich Lara schuldig war, in denen ich ihr Halt geben wollte wie einem jungen Baum, der seine Wurzeln ausbildet, während seine Blätter in Licht und Wind noch spielen.

Eine andere Patientin hatte unser Gespräch mitverfolgt. Frau Arber war Anfang sechzig; fünf Jahre zuvor war sie an Brustkrebs erkrankt, nun waren die Knochen befallen. Wie die meisten Frauen, die sich hier zur Behandlung einfanden, hatte auch sie nach einer begleitenden Therapie gesucht und bislang noch keine gefunden, die ihr entsprach. Wir tauschten Telefonnummern aus.

Viele Krebspatientinnen gingen zur Akupunktur, um ihren Körper zu stärken und Energie zu gewinnen; andere hatten Ayurveda für sich entdeckt, um sich zu reinigen und wieder Hoffnung zu schöpfen; die nächsten schworen auf Homöopathie, Vitamine, Shiatsu und vieles mehr. In den unfreiwilligen Gesprächsrunden erfuhr man viele Möglichkeiten, die man zu Hause in Ruhe für sich überdenken konnte. Denn jeder Krebs war anders, und jede von uns war aus anderen Gründen krank geworden.

Manches Mal trat eine neue Patientin auf den Plan. Gut erinnerte ich mich an mich selbst, wie verschreckt ich das erste Mal auf dem Stuhl gesessen und nicht gewusst hatte, was auf mich zukam. In diesen Stunden bemühte ich mich immer, das Gespräch auf die Eroberungen zu bringen, die man im Lauf der Wochen und Monate allem zum Trotz gemacht hatte. Auf das Verständnis des Lebens, das sich in guten Augenblicken offenbarte, auf das Anrecht, hier und am Leben zu sein. Nie erzählte ich davon, wie übel mir hinterher war, doch ich wurde nicht müde zu betonen, wie wichtig es war, ein gutes Medikament gegen die Übelkeit zur Hand zu haben, das man gleich bei den allerersten Anzeichen einnehmen musste, wenn es denn wirken sollte. Immer öfter begegnete ich hier auch Frauen, die Metastasen in den Knochen, in der Lunge oder der Leber hatten. Dann entsann ich mich an die panische Angst, die ich noch im Sommer verspürt hatte, weil ich geglaubt hatte, Metastasen seien das Ende schlechthin. Das aber war längst Vergangenheit. In den letzten Jahren hatte die Forschung große Erfolge erzielt, und die betroffenen Frauen hatten nicht nur gute Aussichten auf Linderung ihrer Schmerzen und viele weitere lebenswerte Jahre, sondern manches Mal auch auf Heilung.

Mitte Dezember, Weihnachtsdüfte lagen in der Luft. Ich mied die Menschen, wo es nur ging. Die Leukos waren empfindlich gesunken, und ein Infekt hätte bedeutet, Lara den Heiligen Abend zu verderben.

»Mama, du *musst* mir versprechen, dass du Weihnachten nicht im Bett liegst und spuckst!«, verlangte sie täglich und öfter. Seit Wochen konnte sie keine Freundinnen zu sich einladen, denn die meisten Kinder schleppten einen Schnupfen mit sich herum, der sich auf mich und unsere weitere Planung verheerend ausgewirkt hätte. Wenn irgend möglich, sollte der letzte Zyklus im Januar in den Schulferien beginnen. Noch immer vertrug ich die Chemo nicht besser als zu Anfang. Ich wollte Lara schonen und meine Schwester nicht überbeanspruchen. Mir gegenüber tat sie immer so, als strengten sie die Tage bei uns nicht an; sie war glücklich mit Lara und Lara mit ihr.

Alma war ein distanzierter Mensch; früher hätte sie mich nie innig in den Arm genommen. Lara hatte dieses Muster mit kindlicher Beharrlichkeit durchbrochen und holte sich unbeirrt ihre Schmuseeinheiten ab. Und ich sah all die Zurückhaltung meiner Schwester schmelzen. Wir würden gut auf sie Acht geben, wenn ich wieder gesund wäre, schwor ich mir.

Wenn …

Auch wegen dieses unterschwelligen Gedankens war Weihnachten arg befrachtet. Unbewusst wollte ich schöne Erinnerungen schaffen an das letzte Weihnachten mit Mama.

Lara glaubte fest an Engel. Zum einen gab es die Schutzengel, die über sie wachten, wenn die Äste im Park hinter unserem Haus brüchig wurden und sie dennoch höher hinauswollte. Sie beschrieb ihren Engel und kannte angeblich seinen Namen. Zu ihrem zweiten Geburtstag hatte ich ihr ein Album mit Familienfotos gebastelt. Darin war auch ein Foto meines verstorbenen Vaters, ihres Milchreis-Opas, wie wir ihn nannten. Sie hatte nie zuvor ein Bild von ihm gesehen. Als sie damals das Album aufschlug und ihr Blick auf ihn fiel, meinte sie: »Den kenn ich. Der sitzt oft auf unserm Beiatuhl.« »Beiatuhl« war der weiße Korbsessel, in dem ich sie gestillt hatte und ihr vorlas. »Der passt auch auf uns auf.«

Mit sieben war die Instanz der Geschenkeengel wichtiger geworden. Sie schrieb eifrig Briefe und legte sie auf die Fensterbank. Die Geschenkeengel schrieben oft zurück, und bald entwickelte sich ein reger Briefwechsel. Meist erzählten sie von der Gefahr, die ihnen drohte, weil zwei freche Katzen allem auflauerten, was Flügel hatte. Oft beschwerten sie sich auch über die Fallen, die in Laras Zimmer ihrer harrten, und baten darum, sie möge doch endlich einmal aufräumen. Manchmal mussten sie auch nachhaken, wenn die Geschenkewünsche nicht eben eindeutig waren, wie etwa: »Ich wünsche mir so ein Federmäppchen, wie die Laura im blauen Gang eins hat.« Das waren echte Herausforderungen, aber die Engel waren findig und schrieben zurück: »Sie hat zwei, eins in der Schule und eins bei ihrer Oma. Welches meinst du?«

Am Heiligen Abend ging ich mit Lara in eine nahe Kirche. Zwar war sie buddhistisch gesegnet, aber ich hatte ihr von Jesus erzählt, und sie freute sich an den Kerzen und der festlichen Stimmung. Sie fragte mich auch, warum ich denn nicht evangelisch oder katholisch sei. Ich sprach mit ihr über die Kreuzzüge und mein gespaltenes Verhältnis zu kirchlichen Institutionen. Hinter all diesen Gesprächen lag der Druck, ihr mein Gedankengut mitgeben zu wollen. Vieles schrieb ich auf für sie in jener Zeit. Es gab auch einen Brief an Marie, in dem ich sie bat, Lara von mir zu erzählen. So hatte ich im Stillen eine Zukunft für sie geregelt, die ohne mich stattfinden würde.

In der Kirche fühlte ich mich unwohl. Es war ein Kindergottesdienst; ein Grüppchen Schulkinder führte ein modernes Krippenspiel auf. In den Bänken standen die Eltern und filmten den Event.

Aber ich liebte die Glocken. Nach dem Gottesdienst zogen wir durch Schwabing und folgten ihrem Geläut. Endlich war es dunkel.

Es wurde ein glücklicher Abend für Lara. Die Geschenkeengel hatten nicht nur das Federmäppchen richtig geliefert, sondern auch »den Jeansrock, den die Klara im Chor anhatte, den mit den Rosen«, und die Stelzen, »solche, wie es im Sommer im Olympiapark zum Ausleihen gab«.

Meine Schwester hatte uns ein Monopoly-Spiel geschenkt. Erinnerungen stiegen auf an Spielesonntage, an denen meine Mutter ein Blech Kuchen gebacken hatte. Dann hatten wir den Tisch ausgezogen, heimlich die Streusel vom noch warmen Kuchen gepflückt und Monopoly gespielt. Meine Schwester hatte die Bank verwaltet und die Regeln bestimmt. Ich hatte immer Schulden bei ihr gehabt. Nun war es Lara, die mich in den Ruin trieb. Ich spielte gern mit ihr; ich musste nur würfeln und ziehen. Und Miete bezahlen wegen all ihrer Investitionen. Das alles war einfacher, als durch den Schnee zu stapfen und den Schlitten zu ziehen.

Silvester blieb ich zu Hause wegen der Leukos. Lara schlief tief und fest. Ich baute den Katzen eine Höhle im Schrank; sie hatten Angst vor den Knallern und verkrochen sich.

Ich aber sah mir das Feuerwerk an.

Alles war geregelt, was auch immer das neue Jahr bringen würde.

Ende Januar stand die letzte Chemo an. Es war an der Zeit, dass Ruhe einkehrte. Still zelebrierte ich diesen Tag. Die letzte Braunüle, der letzte Vorlauf. Klingeln, die letzte Chemo. Der letzte Nachlauf. Die Braunüle wurde gezogen.

Leise fiel die Tür hinter mir ins Schloss. Nie wieder!, dachte ich. Und wusste doch, dass ich, sollte es schief gehen, aufs Neue hier säße, um Laras willen.

KAPITEL 9

Narben, innen und außen

Wie Eulenspiegel die Kranken heilte

… Eulenspiegel ging langsam von Bett zu Bett
und unterhielt sich mit den Leuten.
Er sprach sehr leise und geheimnisvoll mit
jedem von ihnen. Und einem jeden sagte er das Gleiche.
»Ich will euch allen helfen …«, sagte er,
»und ich weiß ein fabelhaftes Rezept dafür.
Ich muss einen von euch zu Pulver verbrennen.
Dieses Pulver müsst ihr dann einnehmen.
Ich habe mir auch schon überlegt, wen von euch ich zu
Pulver verbrennen werde: den Kränksten im Saal …«
Dann holte er den Verwalter …
Der rief mit lauter Stimme: »Wer sich gesund fühlt,
ist entlassen!«
In drei Minuten war der Saal leer!
Alle rannten oder humpelten, so schnell sie nur irgend
konnten, aus dem Krankenhaus hinaus …
Der Hospitalverwalter war sprachlos.
Er raste ins Büro und brachte Eulenspiegel 220 Gulden.
Die streckte er ihm hin und sagte:
»Zwanzig Gulden gebe ich Ihnen extra.
Sie sind der beste Arzt der Welt.«
»Stimmt«, sagte Eulenspiegel und meinte
damit den Geldbetrag.
Er steckte ihn in die Tasche,
empfahl sich und machte,
dass er Nürnberg in den Rücken bekam.

Till Eulenspiegel,
erzählt von Erich Kästner

Zwei Wochen nach der letzten Chemotherapie empfing mich Dr. Gyliós zum OP-Gespräch. Sie war eine Griechin von aparter Schönheit, die sich trotz der Mühlen der Schulmedizin etwas zutiefst Eigenes bewahrt hatte. Aus ihren Worten sprachen Kompetenz und Herz zugleich. Oft fragte ich mich, wie sie blühen konnte in dieser Umgebung, mit den vielen Stunden an Arbeit, die ihr alles an Kraft und Konzentration abverlangten, und mit all den Frauenschicksalen, die sie jeden Tag aufs Neue umgaben. Lange Jahre hatte ich nach einer Ärztin gesucht, die fähig und willens war, eine Art Partnerschaft mit ihren Patientinnen aufzubauen, deren Ziel Heilung war. Nun hatte ich Glück gehabt, ich war fündig geworden.

Die Chemotherapie hatte erfolgreich bei mir angeschlagen, Ultraschall und Mammographie hatten zuletzt so gut wie keinen Tumor mehr ausfindig gemacht. Was blieb, war die Frage nach einem möglichen Rezidiv und wie ich es vermeiden konnte. Lange hatte ich zu Hause überlegt; ich wollte meine Heilungschancen erhöhen, allein schon deshalb, um für Lara da zu sein. Während der vergangenen Monate hatte ich einige mutige Frauen kennen gelernt, vor denen ich tiefen Respekt empfand. Unter ihnen waren nicht wenige – auch jüngere – gewesen, die sich die ganze Brust hatten abnehmen lassen müssen. Vielleicht war eine radikale Operation ja doch besser oder, vielmehr, aussichtsreicher?

Inzwischen hatte ich mich dazu durchgerungen, Dr. Gyliós diesbezüglich zu befragen; zwar war ich verhältnismäßig gelassen, doch ich sprach das Thema an, während ich hinter dem Schirm stand und mich auszog. In die Augen wollte ich ihr dabei nicht sehen.

»Bei einer Brustamputation hätten Sie statistisch gesehen keine günstigere Prognose zu verzeichnen. Vorausgesetzt, die Brust wird anschließend bestrahlt«, antwortete sie mir.

Also kam ich tatsächlich darum herum … Fast hatte ich gedacht, es sei für mich nicht wichtig, ob ich die Brust behielt. Dann aber drang auch schon die nächste Frage über meine Lippen … wie die Brust denn aussehen werde nach dem Eingriff.

»Sie werden wahrscheinlich nicht viel merken, außer den Narben«, beruhigte mich Dr. Gyliós.

Sensible Fragen in einer Welt, in der das Selbstwertgefühl einer Frau von der Schönheit und der Größe der Brüste abhängig zu sein scheint …

Zu jener Zeit war ich allein. Ich wollte es bleiben. Abgesehen davon, dass ich nicht so recht glauben konnte, wieder zu vertrauen, fiel es mir schwer, mir vorzustellen, wie ich einen Körper nahe dem meinen spürte, wie Lust mich durchfuhr und der andere meine Narben tastete. Narben, innen und außen, Mahnmale … würden sie nicht alle Lust töten?

So dachte ich damals, als ich so eindringlich über den Tod nachgesonnen hatte, dass das Leben mit seiner ganzen Kraft und Schönheit mir fremd geworden war. Mit seiner Lust, seiner Unbekümmertheit. Seinen Freuden, der Zärtlichkeit und dem süßen Schmerz.

Und wer sollte es schon sein, mit dem ich solche Gefühle teilte? Mein Leben hatte sich gewandelt, und im Stillen wusste ich sehr wohl eine Antwort auf diese Frage.

Am liebsten, am allerliebsten sollte es jemand sein, der mich hielte, wenn ich stürbe, und mich in Liebe gehen ließe.

Aber wenn da solche Liebe wäre, wem wollte ich es zumuten, dass er mich hielte?

Nein, dann wollte ich doch lieber allein bleiben, den Schmerz für mich und den anderen meiden …

Noch eine Woche bis zur OP, die Leukos waren bei 1200. Bloß nicht krank werden, dachte ich. Die Ärzte hatten gedroht, ich müsse eine weitere Chemotherapie verabreicht bekommen, wenn die Operation sich zu sehr verschöbe. So verbrachte ich die meiste Zeit allein zu Hause und organisierte die kommenden zwei Wochen.

Eines Morgens rief mich Alma an.

»Ich habe eben im Deutschlandfunk von einer Studie gehört«, erzählte sie aufgeregt. »Du musst vor der Operation unbedingt einen Kernspin machen lassen.« Sie holte tief Luft. »Von siebzig Frauen, die nach der OP als tumorfrei galten, hatten zwölf noch einen Resttumor in der Brust!«

Ich überlegte. Lust auf die Röhre hatte ich nun wirklich nicht.

Aber Alma ließ nicht locker. »Denk doch nur, was wäre, wenn alles umsonst gewesen wäre und du wieder eine Chemo brauchtest!«

Das saß. Noch am selben Tag vereinbarte ich einen Termin in einem radiologischen Zentrum, das meine Ärztin mir empfohlen hatte.

Zwei Tage vor der OP begab ich mich zur Kernspintomographie. Ich hatte zuvor eine ähnliche Untersuchung des Kopfes machen lassen müssen und stellte mich auf eine halbe Stunde laute Klopfgeräusche ein. Doch die Untersuchung der Brust verlief anders.

Bald schon fühlte ich mich wie eine unfreiwillige Teilnehmerin an einer Monty-Python-Show. Ich musste ein pofreies weißes Hemdchen an- und mein Kopftuch ausziehen. Vorsichtshalber fragte ich nach, ob denn klar sei, dass die Brust untersucht werden solle. Man wusste ja nie.

»Doch, doch«, sagte die technische Assistentin und setzte an, das Kontrastmittel zu spritzen.

Sie stocherte und stöberte, wurde schließlich fündig, doch die Vene platzte. Da stand ich im Hemdchen, bar jeder Kopfbedeckung, und musste mir anhören, welch schlechte Venen ich hätte. Sie waren einmal besser, dachte ich und wünschte mir Dr. Peters Woodoo-Figürchen herbei.

Die Assistentin besaß Ausdauer; schließlich fand sie ein intaktes Gefäß und wies mich an, mich bäuchlings auf die Untersuchungsliege zu begeben. Zwei eigentümliche Vertiefungen waren da angebracht, und schon sackten die Brüste hinein. Warum der Po frei war, hatte ich noch immer nicht verstanden. Nach einer guten halben Stunde sortierte ich meine Wirbel, durfte aufstehen und mich wieder ankleiden.

Die Aufnahme zeigte – anders als die Mammographie – einen Resttumor und zerfallendes Tumorgewebe im Umkreis von drei Zentimetern um den Herd. Ich dankte meiner Schwester im Stillen und nahm die Bilder an mich. Im Krankenhaus würde ich sie erst aus der Hand geben, wenn Dr. Gyliós sie gesehen hätte.

Am nächsten Abend kam Gina, meine älteste Schwester. Sie würde bei uns wohnen, solange ich im Krankenhaus war, und sich um Lara kümmern. Gina war immer eine Träumerin gewesen und eine Musikantin. Ausflüge in die Realität forderten ihr Nähe ab, was sie gar nicht mochte. Dabei konnte sie so schön trösten. Meine Tochter würde eine gute Zeit mit ihr haben und die Katzen auch.

Nachdem ich Lara am nächsten Morgen zum Schulbus gebracht hatte, fuhr ich in die Klinik, die Bilder vom Kernspin im Gepäck. Mir war nicht gerade froh zumute. Einst war mein Vater nicht mehr aus der Klinik zurückgekommen, und so hatte ich die vergangenen Tage damit zugebracht, alle Eventualitäten zu regeln. In einem Brief an das Nachlassgericht hatte ich meinen Willen dargelegt, was Laras Verbleib anging. Stunden hatte ich damit zugebracht, Miet- und sonstige Verträge aus staubigen Ecken und Kisten zu suchen, hatte Post durchgesehen, die sich seit Monaten stapelte (und dabei noch so manche Weihnachtskarte gefunden), hatte meinen letzten Willen niedergelegt und auch meinen Wunsch nach einer Seebestattung – in der Nordsee, aus Kostengründen …

Mit im Klinikgepäck führte ich noch etliche Bogen Briefpapier. Ich wollte an Lara schreiben und an Marie, Alma, Nellie. Immerhin blieb das Notebook zu Hause.

Im Krankenhaus leistete ich mir den Luxus eines Einzelzimmers. Ich kannte mich; Geschichten, Schicksale anderer Menschen saugten mich förmlich aus. Ich konnte nicht anders als zuhören, intensiv zuhören, besaß keinen Schutzschild. Dann blieb keinerlei Raum für mich, was an sich nicht schlimm war, aber ich war körperlich in keiner guten Verfassung und wurde ja selbst operiert. Außerdem wollte ich, dass Lara mich besuchen konnte, wann immer sie das Bedürfnis verspürte.

Das Geld würde uns empfindlich fehlen, aber wenn alles gut ginge, würde ich meine Zelte schneller wieder abschlagen, als die Ärzte gucken konnten.

Der Tag vor der OP war voll gestopft mit Untersuchungen. Bald traf ich auf ein Grüppchen Frauen, die wie ich am nächsten Tag operiert werden sollten. Für sie war dies die erste Hürde, die es zu nehmen galt. Sie hatten erst wenige Tage zuvor erfahren, dass sie Krebs hatten. Noch standen sie regelrecht unter Schock, erzählten zwanghaft ihre Geschichten, unablässig auf der Suche nach dem Grund dafür, dass sie krank geworden waren. Es war kein Raum da gewesen, um zu verarbeiten. Und doch wurden sich einige von ihnen auf geradezu unheimliche Weise gewahr, dass es schon seit einiger Zeit in ihrem Leben etwas zu ändern galt. Als hätte es nur eines Anstoßes bedurft.

Eine von ihnen war Frau Kindl. Sie war im Januar sechzig geworden und lebte mit ihrem Mann im Münchner Umland. Schon früh hatte sie ihren Beruf – Krankenschwester – an den Nagel gehängt, um im Betrieb ihres Mannes als Sekretärin auszuhelfen. Sosehr sie sich ihrer Familie verschrieben hatte und darin aufging, war ein Teil ihrer selbst auf der Strecke geblieben. Als sie jünger gewesen war, hatte sie in ein Entwicklungsland gehen, etwas bewirken wollen …

»Aber dann sind die Kinder gekommen, erst die Tochter, dann der Sohn. Da bin ich zu Hause geblieben, und später haben wir gebaut. Da mussten wir alle zusammenhalten.«

»Was sagen denn Ihre Kinder dazu, dass Sie krank geworden sind?«, fragte ich sie.

»Ach, ich hab es ihnen noch gar nicht gesagt. Meine Tochter hat gerade solche Probleme in der Ehe, und mein Sohn …«

Sie schwieg, wollte nicht weitersprechen. Später gesellte sich ihr Mann dazu und begleitete unseren kleinen Trupp zu den anstehenden Untersuchungen. Auch er schien unter Schock zu stehen.

Anders als Frau Kindl, die am Rand einer Depression schwebte, schoss in Frau Schlüter Wut empor. Sie war Anfang sechzig, ihr Mann war einige Jahre zuvor gestorben. Die beiden hatten sich erst spät kennen gelernt und eine lebendige Ehe geführt, doch die gemeinsame Zeit war kurz gewesen. Nun drohte die Trauer sie zu ersticken, und sie wehrte sich mit aller Kraft gegen das übermächtige Gefühl von Resignation, das sich schleichend in ihr ausbreiten wollte wie Nebel in feuchtkalten Auen. Sie konnte ihren Zorn kaum verhehlen, Zorn auf den Krebs, auf das Leben … auf sich selbst.

»Ich habe Angst, vor dem endgültigen Nichts zu stehen«, sagte sie. »Angst, dass es das schon war – das *Leben.*« Unwirsch strich sie das Haar zurück. »Plötzlich klingt alles so banal. Mein ganzes Leben ist banal.«

»Das glaube ich nicht. Und Sie hängen ja dran.«

Sie sah mich von der Seite her an. »Lassen Sie mich noch ein wenig wüten«, meinte sie. »Endlich kann ich mir das leisten, nachdem ich Jahre über Jahre still getrauert und zu allem immer nur geschwiegen habe.« Sie knallte die Zeitschrift, in der sie geblättert hatte, auf den Ablagetisch. »Weise werde ich dann nächste Woche sein. Ich habe auch schon eine Idee, was ich anfangen kann. Aber wenn ich nicht endlich meine Wut rauslasse, dann platze ich. Oder ich vergrabe mich weiter bei lebendigem Leib und traue mich doch nicht, mein Leben anzupacken!« Sie holte Luft, stand auf und trat gegen die Tür, hinter der das EKG stattfinden sollte. »Wann kommt man hier denn endlich dran? Meinen Sie, wir haben ewig Zeit? Der Tod sitzt uns im Genick, und Sie lassen einen auch noch warten!«

Später am Nachmittag fand die Markierung der Wächterlymphknoten statt. Seit geraumer Zeit gingen die Ärzte dazu über, den Frauen nicht länger die gesamten Lymphknoten unter der Achsel zu entfernen. Stattdessen wurde in einem aufwändigen Verfahren bestimmt, welche Lymphknoten im Einzelnen für die befallene Region zuständig waren. Der Arzt spritzte eine radioaktiv markierte Substanz in die Tumorregion; während diese Substanz sich im Gewebe verteilte und abfloss, gelangte sie in den so genannten Wächterlymphknoten, der sich aufgrund der radioaktiven Markierung verriet.

Während sich das Mittel verteilte, saßen wir zu fünft im Wartezimmer mit dem Auftrag, die Injektionsstelle in der Brust zu massieren. Bei mir ging das noch verhältnismäßig diskret vonstatten, da der Tumor dicht unter der Achsel saß. Einige der Frauen aber hatten Tumoren mitten in der Brust, und nun saßen sie im Wartezimmer und massierten und rieben sich. Zwei ältere verschleierte Frauen verfolgten das Geschehen mit Entsetzen im Blick; sie waren zum Röntgen gekommen und glaubten sich gewiss in einem Sündenpfuhl.

Ich suchte kichernd das Weite, ging unerlaubt in der Stadt spazieren und kaufte für Lara einige kleine Geschenke. Sie würde sich bestimmt freuen, wenn sie mich besuchen käme und im Nachtschränkchen Schätze versteckt wären.

Am frühen Abend, als alle Untersuchungen erledigt waren, stahl ich mich aus der Klinik zu Lara, machte ihr einen Quarkauflauf und las ihr vor. Geborgte Stunden, heimlich geborgt. Gina nützte die Zeit, ihrerseits ein wenig zu verschwinden. Als Lara im Bett war und schlief, brach ich auf.

Auf meinem Nachtschränkchen lag ein Zettel von Frau Schlüter: »Ihnen auch alles Gute für morgen!« Darunter hatte sie einen Glücksbringer aus afrikanischen Symbolen gezeichnet. »Mein Geheimnis. I. S.«, stand daneben. Ich lächelte. Hoffentlich war auch ihr das Glück gewogen.

In jener Nacht, in der ich eigentlich ein halbes Dutzend Abschiedsbriefe hatte schreiben wollen, umfing mich Müdigkeit, geradeso, als wolle sie mir sagen: Damit kannst du noch warten, du hast noch Zeit!

Ich schrieb einige Zeilen für Lara, dann nahm ich einen neuen Bogen, setzte die Namen meiner Freundinnen darauf und schrieb darunter, groß, seitenfüllend: DANKE FÜR ALLES, IHR LIEBEN.

Das sollte reichen …

Am nächsten Morgen wurde ich in aller Früh zur Blaumarkierung gerufen. Mammographien waren selten spaßig, aber mit einer Nadel zur Markierung in der Brust erreichte man einen weiteren Grad zweifelhaften Vergnügens. Während ich barbusig und mit besagter Nadel im Körper dasaß und wartete, ob die Aufnahmen gelungen waren, hielt ich die Bilder der Kernspintomographie fest umklammert, nicht bereit, sie loszulassen, bis meine Ärztin sie zu Gesicht bekommen hätte.

»Sie können uns ruhig die Bilder geben, Frau Simon«, sagte die Röntgenassistentin freundlich.

»Nein, nein. Notfalls nehme ich sie mit in den OP, wenn Frau Dr. Gyliós keine Zeit hat, sie sich vorher anzusehen.«

»Aber wir können sie ihr doch auf den Schreibtisch legen …«

»Damit sie sie findet, nachdem sie mich operiert hat? Nein, nein, danke«, lehnte ich ab.

»Aber wir haben doch eigene Ultraschallbilder und auch Ihre Mammographie.«

»Genau. Auf diesen Bildern hier ist der Tumor jedoch um einiges größer. Und ich möchte nach diesen Bildern operiert werden.« Es half nichts, ich blieb hartnäckig.

Sichtlich genervt rief die Assistentin im OP an. Nach einer halben Stunde kam Frau Dr. Gyliós vorbei; sie sah sich die Bilder aufmerksam an, dann hasteten wir in den OP. Ich stand längst auf dem Plan.

Am späten Nachmittag wachte ich auf. Der Schmerz in der Brust half mir, mich zu orientieren. Ich war operiert. Die Bilder, wo waren die Bilder? Dr. Gyliós … Ich erinnerte mich. Sie hatte sie noch gesehen, bevor sie zum Skalpell gegriffen hatte. Beruhigt schlief ich wieder ein. Als ich erneut aufwachte, war ich schon in meinem Zimmer. Wieder hatte ich eine Hürde genommen. Doch etwas war anders. Mir war nicht schlecht! Mein Kopf hatte keinen Faustschlag abbekommen, die Dumpfheit war nicht größer geworden! Ich freute mich unbändig.

Die Schwestern staunten über mich. »Wir haben hier noch keinen erlebt, der mit den Drainagen in der Brust lacht!«, meinten sie.

Die Chemo hatte meine Latte hoch gelegt. Zwar hatte ich Schmerzen, aber ich musste mich nicht übergeben. Bald waren die Infusionen durchgelaufen, und ich wurde klarer. Ein leiser Gedanke kreiste in meinem Kopf. Könnte es sein, dass der Krebs Vergangenheit ist?

Dicht bei diesem Gedanken lag Freude, eine leicht machende Freude. Sie drang in mein Herz, raubte mir Lasten, hinterließ eine Ahnung von Unbeschwertheit … Genauso hatte sich das Leben einmal angefühlt, vor Jahren, noch vor dem Krebs. *Könnte es wirklich sein?*

Am Abend schon durfte Lara mich besuchen kommen. »Hallo, mein Igel!«, begrüßte sie mich und warf sich aufs Bett. Autsch, dachte ich, aber ich freute mich so, sie zu sehen. Sie zog mir das Tuch ab, wuschelte meinen Kopf, auf dem sich zarter Flaum zeigte, dann futterte sie das Abendessen auf.

Die Nacht war schmerzhaft, ich hatte Probleme zu liegen. War ich endlich eingeschlafen, kam die Nachtschwester, um nach mir zu schauen. Aber mir war es gleich. Freude umfing mich und trug mich davon wie auf Wolken.

Am nächsten Morgen bastelte ich mir aus Hygienebeuteln eine Art Abdeckplane für den Brustverband, schulterte die Drainagefläschchen und begab mich unter die Dusche.

Wenn man allein duschen kann, ist man eigentlich nicht mehr krank, dann rückt die Entlassung näher, sagte ich mir. Kaum hatte ich ein frisches Nachthemd übergezogen, erschienen die Schwestern, sie wollten mich waschen. Als ich ihnen meine Abdeckplane vorführte, schüttelten sie den Kopf. Sollen sie nur, dachte ich, in ein paar Tagen bin ich hier auf und davon. Nachdem ich gefrühstückt hatte (und es bei mir behielt, kaum zu fassen!), machte ich mich auf den Weg, um nach den anderen zu sehen.

Frau Kindl hatte Schmerzen. Ihre Narbe war um einiges größer als meine. Wundwasser rann durch die Saugschläuche und mit ihm alle Zuversicht. Sie hatte so wenig Zeit gehabt, sich vorzubereiten. Wie ein führerloses Boot trieb sie auf offenem Meer. Wogen von Traurigkeit umgaben sie, und sie drohte zu kentern.

Ihre Zimmernachbarin war ihr keine große Hilfe. Sie hatte ihre eigene Geschichte und war weit entfernt, damit fertig geworden zu sein.

Frau Schlüter, die drei Zimmer weiter lag, war gerade beim Frühstücken, doch ihr fehlte der Appetit. Ihre Zimmergenossin hatte wie ich vor der Operation eine Chemotherapie bekommen. Nun malte sie in düsteren Farben das Bild der vergangenen Monate.

Auch sie hatte die Behandlung schlecht weggesteckt, und sie trug die Vergangenheit mit sich herum wie ein Schleppnetz voller Polypen, die jegliche Helligkeit aus ihrem Gemüt saugten. Sie befand sich noch mitten im Prozess der Verarbeitung. Konnte nicht anders, denn auch ihr Boot war fast gekentert.

Wie meines. Als hohe See bei mir geherrscht hatte, hatte ich alles getan, um einen festen Punkt am Horizont zu finden. Um nicht unterzugehen? Um die Kontrolle nicht zu verlieren. Insofern war es einfacher gewesen, allein zu sein. Niemand hatte das Ruder für mich übernommen, und es hatte niemanden gegeben, dem ich es hätte anvertrauen können. Nun hatte ich einen neuen Hafen erreicht, neues Land. Ein Stück Wüste lag vor mir, aber sie war noch Wochen entfernt.

Am Nachmittag sah ich wieder nach Frau Kindl. Sie schlief. Draußen, in der Besucherecke, saß ihr Mann. Wir unterhielten uns ein wenig.

»Sie ist so verzweifelt, weil ihr die Brust zu Hälfte abgenommen wurde«, erzählte er. Hilflos sah er mich an. »Mir macht das doch nichts aus. Sie soll mir nur wieder gesund werden!«

»Sagen Sie's ihr.«

»Das weiß sie doch.«

»Sagen Sie es ihr, immer wieder.«

Er fing an zu weinen. »Ich habe solche Angst, dass sie stirbt. Wir wollten doch zusammen alt werden. Sicher hat's immer mal wieder Streit gegeben … Aber so etwas … Dass sie jetzt sterben könnte …«

»Gehen Sie zu ihr, sagen Sie es ihr«, bat ich ihn.

Das tat er. Doch sie brauchte noch Zeit. Wochen, Monate. Und er würde es ihr nicht nur sagen, sondern auch zeigen müssen.

Lara besuchte mich nach der Schule und blieb lange bei mir. Sie hatte das Nachtschränkchen mit seinen Schätzen entdeckt, und nun bastelten wir ein Kaleidoskop. Mit klebrigen Fingern wuschelte sie aufs Neue meinen Kopf, aß das Abendessen auf und ließ mich hungrig, aber glücklich zurück. Nicht mehr lange, dann durfte ich heim.

Frau Schlüter war niedergeschlagen, als ich sie am nächsten Tag besuchte. Die Lymphknoten waren befallen gewesen, vor ihr lag nun eine Chemotherapie. Ihre Zimmernachbarin hatte ihr einen gehörigen Schrecken eingejagt.

»Wie war das denn bei Ihnen?«, fragte sie ausgerechnet mich. Ich wollte sie nicht anlügen, das hatten schon zu viele in ihrem Leben getan. Ich wollte auch nicht, dass die Chemo sie so unvorbereitet traf wie mich in meiner Unschuld. So sann ich nach, beschwor die Erinnerung herauf an die Monate, die langen Monate zuvor. An die Frauen, denen ich begegnet war, die mir Gesellschaft gewesen waren, Spiegelbilder, Lehrmeister. Viele, die meisten, hatten die Behandlung verhältnismäßig gut vertragen, vor allem, wenn sie sich nicht über eine solch lange Zeit erstreckte wie bei mir.

Schließlich zeigte ich ihr mein Geheimnis: ein Eckchen vom Flaum auf meinem Kopf, Millimeter nur, doch so willkommen. Und ich verriet ihr meine Tricks: Olivenöl kauen gegen den beißenden Geschmack. Calendula-Essenz zum Gurgeln für die wunden Stellen im Mund. Malzbonbons in der Tasche gegen kleine Anfälle von Übelkeit zwischendurch. Vitamin B für die kaputten Nerven. Sich eine alternative Therapie suchen und einen Hausarzt, dem man vertrauen konnte.

Und ich schärfte ihr ein, das Zofran gleich zu nehmen, bevor Wellen der Übelkeit sie überrollten. Zu spät hatte ich erfahren, dass es kaum mehr half, nahm man es erst dann ein, wenn die Übelkeit unerträglich geworden war.

»Sobald ich alles hinter mir habe, fahre ich nach Südafrika«, verriet sie mir. »Dort habe ich ein Patenkind. In dem Dorf, in dem es lebt, gibt es eine Kerzen-Manufaktur. Ich werde sehen, ob sich hier ein Markt dafür findet.«

»Ihr Glücksbringer war so hübsch«, sagte ich.

»Ja, sie basteln dort solche Anhänger aus alten Münzen und Perlen. Man könnte sie sich an den Schlüsselbund hängen oder an die Handtasche«, überlegte sie. Wir lächelten uns an, dann wurde sie traurig. »Ich brauche noch Zeit«, sagte sie leise.

»Ja. So schnell geht es nicht.«

»Aber es geht. Das sehe ich an Ihnen. Oder waren Sie schon immer so positiv?«

»Nun, ich versuche halt, aus Tiefschlägen etwas zu machen.«

»Woher nehmen Sie die Kraft?«

Ich überlegte. »Sie ist einfach da. Alles hat seine zwei Seiten; vielleicht wird einem die Kraft zuteil, wenn man versucht, diese Seiten zu einem Ganzen zusammenzufügen.«

Verlieren und Finden, ein Ganzes.

Am Tag, bevor ich entlassen wurde, besuchte mich Frau Arber. Sie hatte gerade eine Chemo hinter sich gebracht, wollte mir aber noch schnell erzählen, dass sie meinen tibetischen Arzt aufgesucht habe. Er hatte ihr Kräuterpillen verschrieben und ihr Mut gemacht.

»Es ist das erste Mal, dass jemand mir Mut macht«, berichtete sie. »Alle haben immer nur gesagt, ich solle abwarten, wie die Werte sind, was das Szintigramm zeigt. Wer weiß, vielleicht kann ich im Frühjahr wieder im Garten arbeiten!«

»Dann komm ich im Sommer vorbei und pflücke Beeren, Blumen, was immer bei Ihnen wächst.«

»Abgemacht!«

Wie andere Frauen mit Metastasen hatte sie dazu beigetragen, mir ein Stück Angst zu nehmen. Auch wenn der Krebs Nester baut, kann das Leben weitergehen und in den guten Augenblicken seine Kraft und seine heilige Schönheit entfalten.

Tags darauf wurde der Verband abgenommen und die Drainage gezogen. Ich biss die Zähne zusammen, lächelte. Die Brust war ein einziger, gelbgrüner Bluterguss, seitlich prangten zwei hässliche Narben. Aber Dr. Gyliós hatte im Bereich des Gesunden geschnitten, das zählte. Ich durfte nach Hause.

Nun konnte ich heilen.

Zufriedenheit breitete sich in mir aus, und ich genas. Am liebsten hätte ich eine Kur gemacht, denn tief in mir spürte ich, dass es galt, mich zu erholen und all das aufzuarbeiten, was in mir, mit mir geschehen war. Doch eine Kur war nicht möglich. Wie sollte ich Lara so lange allein lassen? Und ich musste arbeiten, dringend. Der Alltag lauerte mir auf; blieb zu hoffen, dass er mich nicht vor der Zeit einholte und auffraß.

Alles in allem war es eine hoffnungsvolle Phase. Die vergangenen Monate hatte ich überlebt, weil ich die wenigen besseren Momente bis zur Neige ausgekostet hatte. Nun waren diese Augenblicke noch um etliches besser – und länger. So ließ ich mich von ihnen davontragen und tat alles, sie zu erobern.

Ende Februar ging ich mit Marie ins Konzert; Mischa Maisky spielte Kammermusik im Herkulessaal der Residenz. Monate lang, traurige Monate lang hatte ich auf dieses Konzert hingefiebert, versprach es doch das Ende der Dumpfheit, einen Neubeginn.

Die erste Sonate zog an mir vorüber. Dann änderte sich die Stimmung, im Saal wurde es still. Bald hätte man eine Stecknadel fallen hören können. Es war ein seltenes Erlebnis, wie

Cellist und Pianist aufeinander eingingen, die Impulse des jeweils anderen aufnahmen, sie einflochten, verwoben … Wenn wir doch alle so aufeinander eingehen und kommunizieren könnten, dachte ich wehmütig. Wie anders wäre dann unsere Welt. Wie still, wie ehrlich.

Aufeinander hören. Auf sich hören. Auf die innere Stimme.

Wenig später rief mich Christina an, Dr. Dilgo war wieder in München. Ob ich auch einen Termin haben wolle.

Seit zwei Monaten nahm ich die Kräuterpillen ein. In den vergangenen Wochen hatte ich das Gefühl gehabt, mein Körper sei wie von einem Raster durchdrungen. Die Linien dieses Rasters waren wie Fallgitter für die Krebszellen. Sie sperrten sie ein und hinderten sie am Wuchern.

Ich wurde sicherer, was meine »60:40«-Prognose anging. Ich tat etwas für mich, auf das ich zählte. Allein das schon war ein Weg, gesund zu werden.

Vor dem Termin beschlich mich Aufregung. Eigentlich sollte ja jetzt aller Krebs aus meinem Körper getilgt sein … Ich beschloss, erst einmal nichts von der Operation zu sagen.

Dr. Dilgo fühlte meinen Puls und lächelte mich an. »Ich fühle keinen Krebs mehr«, sagte er.

Ich erzählte ihm von der OP. »Aber ich habe Sorge, dass mein Körper den nächsten Krebs wieder nicht als bedrohlich erkennt«, sagte ich. »Dabei habe ich doch eine kleine Tochter.«

Unser Gespräch lief bald auf die Unterschiede unserer Kulturen hinaus. »Bei uns lernen die Kinder von klein auf, dass man den Menschen nicht halten darf. Er wird wiedergeboren, und das ist ein Grund zur Freude«, meinte Dr. Dilgo.

»Aber vermissen denn die Kinder nicht ihre Mütter, wenn diese sterben?«

»Doch, aber Liebe und Loslassen sind stärker.«

»Ich würde mit meiner Tochter gern an einen solchen Punkt gelangen, doch ich fürchte, sie empfände es vor allem als Verlust … als großen Verlust, wenn ich stürbe.«

Er nickte. »Aber Sie können ihr alle Ihre Gedanken dazu mitgeben. Sie wird Zeit brauchen, doch eines Tages wird sie auch diese Seite sehen und Sie loslassen. Allerdings gibt es im Augenblick gar keinen Grund, Sorge zu haben. Jetzt ist es wichtig, das Gesunde zu schützen«, beschied er und verabreichte mir neue Kräuterpillen, die meinen Körper stärken sollten.

Erleichtert machte ich mich auf den Heimweg. Hoffentlich, hoffentlich hätte ich die Zeit, um Lara vorzubereiten. Dr. Dilgo war meine Versicherung. Ein weiterer Mensch, bei dem ich mich aufgehoben fühlte.

In jenen Tagen zehrte ich auch von der Freiheit, die es mit sich gebracht hatte, über Grenzen hinauszudenken. Wie viel Leid schuf allein die Angst vor dem Tod. Ganze Wirtschaftszweige bauten darauf, Kulte wurden geboren und ausgeschlachtet, um abzulenken von Alter, Krankheit, Tod. »Bloß nicht dran denken!«, flüsterte eine ängstlich feige Stimme im Hinterkopf, und man schloss Versicherungen ab und kaufte sich Cremes und Vitamine und manchmal auch Menschen, um die unterschwellige Angst zu beschwichtigen, dass man eines Tages allein dahinsiechte und starb.

Dahinsiechen und Sterben waren nahe gewesen. Ich hatte beides betrachtet, und die Angst vor dem Tod war gegangen. Nun hatte ich einen kleinen Gipfel erreicht, war euphorisch. Nichts bereitete mich auf den Absturz vor.

Während die Dumpfheit von mir abfiel, machte sie unversehens einem Gefühl der Aussichtslosigkeit Platz. Die Veränderung schlich sich zäh und leise ein, heimtückisch wie einst der Krebs. Vielleicht lag es daran, dass mein Körper nun, da er sich erholen konnte, überhaupt erst spürte, wie es ihm ging. Die Chemo war keine Epilationscreme gewesen, die für Haarausfall gesorgt hatte; sie hatte tief in das Zellgeschehen eingegriffen. Zwangsweise und vor der Zeit hatten sich die Wechseljahre eingestellt, und da ich keine Hormone einnehmen durfte, flog mich Hitze an, und ich geriet ins Trudeln. Nachdem ich in den Monaten der Übelkeit mein Idealgewicht erreicht hatte, speicherte mein Körper jetzt Wasser wie eine kleine Regentonne, und zunehmend meinte ich, wie eine auszusehen. Der Flaum auf meinem Kopf wurde dichter, war aber von Haar, das man offen tragen konnte, noch weit entfernt. Und ich hatte Schmerzen, weniger in der Wunde als in den Beinen – eine Folge des Taxols, immer noch.

All das aber war nichts gegen meine Stimmung, die sich plötzlich nur noch zwischen Nebel und Düsternis bewegte. Vielleicht waren es ja die bösen Geister, die mich heimsuchten, nachdem der Krebs gegangen war. Die schwarzen Sonnen umschwirrten mich und raubten mir die Sicht auf alles Schöne. Der Gedanke an die Bestrahlung verleidete mir zusätzlich jede weitere Genesung. Denn sobald die Wunde erst verheilt war, stand die dritte Hürde an. Wozu sich denn erholen, wenn es gleich danach schon wieder losgeht?, dachte ich mir und lief über Straßen, ohne mich nach Autos umzuschauen. Ich hatte genug von allem, hatte die Nase gestrichen voll.

Zu meinem Geburtstag schrieb ich ein paar private Zeilen in den Computer, ein Tagebuch jener Zeit:

Manch einer denkt, ich sei sehr weit mit meiner Nichtangst. Vielleicht bin ich aber nur stehen geblieben, und all das Gift der vergangenen Monde hat mich endlich eingeholt. Wie sehne ich mich nach der Mystik des Tors, dem ich schon so nahe war! Aber ich spüre, es ist noch nicht so weit. Ein Weg führt an der Mauer entlang, und vielleicht wird es ein anderes Tor sein, durch das ich gehen werde. Vielleicht ist deshalb auch der Wunsch so stark, endlich zu sterben, meine Ruhe zu haben. Weil dieses Tor ein vertrautes ist …

Wie nur sollte ich aus diesem Dickicht hinausfinden? Wo war auf einmal die Kraft geblieben, meine viel gepriesene Kraft?

Gina hatte uns 1000 Euro für schwere Zeiten geschenkt; sie war immer sehr großzügig gewesen. Wenn ich wie gefangen über die Straßen lief und daran dachte, mich unter ein Auto zu werfen, dann war dies eine schwere Zeit, dachte ich mir und beschloss, ins Reisebüro zu gehen.

Ich mochte die kleine Agentur am Ende der Straße. Die Besitzerin erinnerte mich an meine beste Schulfreundin. So könnte Karin jetzt aussehen, dachte ich immer, wenn ich das Büro betrat. Im vergangenen Sommer hatte sie viel für uns umbuchen müssen. Das war nichts Neues. Ich reiste gern, und wenn der Alltag mit seinen 70-Stunden-Wochen nach mir griff, half mir nur die Aussicht auf eine neue Auszeit. Oft änderten sich meine Wünsche, und inzwischen schrieb »Karin« die womöglich anfallende Umbuchungsgebühr gleich mit auf den Reisevorschlag.

Diesmal verlangte ich Sonne und Licht.

Sie tippte auf die Tastatur. Touristenziele brauchte sie uns gar nicht anzubieten, das war klar.

»Andalusien ist noch frei.«

»Malaga?«, fragte ich mit hochgezogenen Brauen. Nein, eher mit nachgezogenen … Noch immer ließen sich die Augenbrauen Zeit zu wachsen.

»Jerez. Costa de la Luz.«

Luz … Licht. *LICHT*.

Gebucht!

Karfreitag stiegen Lara und ich in den Flieger nach Jerez. Die Tage zuvor hatte es dort sintflutartige Regenfälle gegeben, aber das Barometer versprach Besserung. Von Jerez fuhren wir weiter an die Costa Ballena. Vergeblich hielt ich Ausschau nach Walen. Außer ihnen fehlten auch die Touristen, und das war wiederum gut so. Einige Spanier hatte es zur Semana Santa ans Meer verschlagen, aber die großen Festlichkeiten fanden in Sevilla statt, in Rota und Cádiz.

Lara und ich wanderten am einsamen Strand entlang. Weißer Sand, der das gleißende Licht widerspiegelte. Licht, Licht, Licht. Ich sog es in mich auf. Essenz des Lebens.

Am nächsten Tag unternahmen wir einen Spaziergang. Ich lebte auf, schickte die Depression in die Verbannung. Maurische Dachfirste schnitten in den Himmel, Kuppeln wölbten sich in tiefem Azurblau. Wir liefen in Richtung Süden; dort endete das Dorf, und Gärten gingen in Felder über. Der Regen hatte das Land fruchtbar gemacht. Satte Wiesen lagen hinter den Dünen, sie blühten gelb und weinrot und leuchtend. Frösche quakten in den Auen, fette Hummeln surrten wie kleine Hubschrauber umher.

Mich zog es wieder an den Strand. Unsere Spur wurde von den Wellen hinweggewischt. Früher war ich gern mit meinem Vater am Strand entlanggewandert, auf Sylt. Stunden waren wir gegangen, jeder versunken in seine Welt und doch einander nah.

Das Meer war noch kühl, doch ich spürte es nicht an den Füßen. Sie waren fast taub von der Chemo. Während wir gingen, erfand ich eine Geschichte für Lara. Luis, der Sohn von Alfons Scherrnhuber, schrieb gerade Wunschzettel für Weihnachten. Ich war ein wenig hintendran mit meinen Geschichten; die letzten Wochen hatten auch hier ihren Tribut gefordert. Auf jeden Fall insistierte Luis dermaßen, dass sein Vater völlig entnervt den schicksalsschweren Satz »Dann schreib doch, was du willst!« fallen ließ. Das war unbedacht geschehen; wer, der bei klarem Verstand war, gab seinem Kind – einem Kind wie Luis – schon den Freibrief, sich zu Weihnachten zu wünschen, was immer es verlangte?! Solche Äußerungen bargen Gefahr, das musste doch klar sein.

»Heiligabend, als Luis durch den Schnee stapfte und zur Kindermette ging, rumpelte es im Treppenhaus, dann kam ein tiefes Brüllen. Alfons Scherrnhuber öffnete verwundert die Tür. War der Luis etwa schon zurück? Aber vor der Tür stand eine große, eine sehr große Kiste; gleich drei Geschenkeengel mussten sie hochgetragen haben. Die Kiste hatte einen Schlitz, und darunter stand: ›Bitte Fleisch einwerfen!‹«

Lara lachte diebisch und schlug einen Bogen.

Ich spürte den Fels nicht, als meine tauben Füße dagegenliefen. Dann stolperte ich. Mit dem Schienbein fiel ich auf erodiertes Gestein. Die Flut hatte es vor meinen Augen verborgen. Vor Schmerz konnte ich nicht atmen, ein Blitz schoss mir in den Kopf. Als ich mir einmal die Kniescheibe gebrochen hatte, hatte es sich ähnlich angefühlt. Nun rann das Blut aus der Wunde. Ich humpelte zu einem nahen Stein, rang nach Luft. Schließlich improvisierte ich einen Verband aus einem Handtuch und einem Bikinioberteil.

Es dauerte lange, bis wir das Hotel erreichten. Lara war traurig. Sie hätte so gern gewusst, wie es weiterging mit dem geheimnisvollen Weihnachtsgeschenk.

Der Sanitäter entfernte den Sand aus der Wunde, schnitt die Hautfetzen ab und desinfizierte großzügig mit Jod. Dann machte er einen festen Verband. Ich biss die Zähne zusammen. Immer noch besser als eine Chemo, sagte ich mir.

»*Va al medico*«, meinte er.

»*Claro que sí, mañana*«, versprach ich lächelnd.

Ganz bestimmt würde ich nicht zum Arzt gehen. Das hieße nämlich zu erklären, warum das Blut so schlecht gerann. Es hieße, Geschichten aus der Vergangenheit aufzuwärmen, die ich endlich hinter mir lassen wollte.

Später saßen wir beim Abendessen. Ich spürte etwas Glitschiges unter dem rechten Fuß. »Bah, ist das hier dreckig!«, schimpfte ich. »Und das bei viereinhalb Sternen!« Eine undefinierbare Soße befleckte den Boden.

Ich sah genauer hin. »Oh, mein Bein …«

Unauffällig stahlen wir uns davon.

In der Nacht, als ich vor Schmerz nicht schlafen konnte, breitete sich Ernüchterung in mir aus. Musste denn immer wieder etwas passieren, das mir die Freude vermieste?

Ich war kein Mensch, der sich in Selbstmitleid verlor oder dem Schmerz mehr Raum gab, als er einnahm. In der Hauptsache war es das Schienbein, das Knie. Nur das Schienbein, das Knie. Hier im Zimmer sirrten die Stechmücken, aber irgendwo da draußen tauchten Wale. Der Mond stand als schmale Sichel am Himmel. Morgen würde ich Licht tanken. Am Abend würde die Sonne brennend im Meer versinken.

Im Großen und Ganzen war das Leben einfach so, wie es war. Und oft war es einfach nur schön, erinnerte ich mich.

KAPITEL 10

Strahlen

Mit völlig abgelenktem Geist,
Des Todes Nahen nicht bedenkend,
Ganz ohne jeden Sinn zu handeln
Und dann mit leeren Händen heimzukehren,
Wäre völlige Verblendung;
Notwendig ist daher Erkenntnis der spirituellen Lehren.
Warum nicht eben jetzt, in diesem Augenblick,
Den Pfad der Weisheit praktizieren?
Aus dem Munde der Heiligen kommen diese Worte:
Wenn du die Lehren deines Meisters nicht im Herzen trägst,
Wirst du nicht zum Betrüger deiner selbst?

Das Tibetische Buch der Toten

Münchner Freiheit … Betongänge, notdürftig verkleidet, mit Plakaten beklebt, unterhöhlten den Platz. Obdachlose suchten hier Schutz vor dem kalten Aprilwetter. Tom war einer von ihnen. Mit sicherem Gespür war er eines Tages auf mich zugekommen und hatte mich um Kleingeld gebeten; seither stand er auf meiner Liste für kleinere Ausgaben.

Tag für Tag wartete er für einige Stunden nahe der U-Bahn. Er hielt nie die Hand auf, sondern stand einfach da und schaute. Nur wenn gar nichts klappte, sprach er die Leute an. Was er wohl alles in seinem Leben gehört haben musste … Und welche Menschenkenntnis sich hinter seiner Stirn verbarg, an der immer ein wenig der Staub der Straße haftete.

Im vergangenen Dezember hatte er sich von mir verabschiedet. »Ich mach 'ne Therapie«, hatte er gesagt. Ich hatte ihm die Daumen gedrückt und tat es nach wie vor. Es war ein großer Schritt für ihn. Noch war er zu groß.

»Wo haste denn deine Tochter gelassen?«, fragte er jetzt, als ich an ihm vorbeilief.

»Lara ist bei meiner Schwester.«

»Musste wieder das Giftzeug schlucken?«

»Nein, jetzt kommen die Strahlen dran. Drück mir die Daumen morgen, ja?«

»Klar doch!« Er winkte mir nach und schaute wieder auf den Strom von Menschen, die an ihm vorüberzogen und taten, als sähen sie ihn nicht.

Tags zuvor hatte ich Lara nach Frankfurt gebracht. Ich wusste nicht, was wirklich auf mich zukam, und wollte die Ferien nutzen, wollte zumindest Lara in guten Händen wissen.

Mir war mulmig zumute, als ich den Weg in das Krankenhaus antrat, in welchem ich bestrahlt werden sollte. Es war größer und weniger heimelig, als ich es von »meiner« Klinik gewohnt war. Zwei Wochen zuvor hatte ich ein ausführliches Gespräch mit dem Radioonkologen geführt, im Strahlenbunker … Ich riss mich zusammen. Bunker – das war übertrieben.

An diesem Nachmittag wurde ich auf der Krebsstation erwartet. Sie lag ein ganzes Stück abseits vom Klinikgeschehen und hatte einen großen Aufenthaltsraum für die Patienten. Hier trafen sich alle, die noch aus den Betten kamen, um zu essen, zu reden, zu lesen. Auch die ambulanten Patienten hielten sich hier auf. Ein Mann hing an Infusionen mit Zytostatika und aß; es schmeckte ihm, er langte tüchtig zu. Selbst das gab es.

Ich wartete auf die Krankenschwester; sie wollte einen Fahrplan mit anstehenden Untersuchungen für mich erstellen, die mich den Nachmittag über beschäftigt hielten. Es dauerte. Ich war für 14 Uhr bestellt worden, da war hier Pause. So schlenderte ich zum Ständer mit dem Informationsmaterial. In meiner Klinik hatten die Blauen Ratgeber der Deutschen Krebshilfe ausgelegen; sie hatten mir viele Fragen beantworten können, für die den Ärzten in unserem Gesundheitssystem einfach keine Zeit bleibt.

Blaue Ratgeber gab es hier nicht, dafür einen Hinweis auf eine Ausstellung, ein Konzert zugunsten der Krebshilfe. Weiter unten entdeckte ich einen Prospekt, der meine Aufmerksamkeit auf sich zog. Er versprach Hilfe in traurigen Zeiten; die konnte man immer gebrauchen. Als ich ihn aufschlug, sah ich, dass es der Werbeprospekt eines Bestattungsunternehmens war. Lodernder Zorn schoss in mir hoch. Machte der Kommerz denn nicht einmal vor Krebsstationen Halt? Gewiss, hier gab es Kunden zu akquirieren. Aber sollte nicht jeder, der unversehens mit dem eigenen Tod konfrontiert wird, selbst entscheiden, wann und wie er das Thema seiner Bestattung angeht? Wie er seine sterbliche Hülle der Erde zurückgibt? Wie konnte sich ein Unternehmen erdreisten, einen solch tiefen Prozess zu entweihen?

Ich packte den ganzen Stapel und reichte ihn der Schwester, die soeben die Essenstablette abräumte.

»Das ist doch unglaublich!«, begann ich und verlangte die Stationsschwester zu sprechen. Mein Widerstandskämpfer-Opa ließ grüßen.

Die Stationsschwester wusste von nichts, konnte sich nicht vorstellen, wie solche Prospekte dorthin gelangt sein mochten.

»Ich schreibe dorthin!«, sagte ich aufgebracht. »Jeder hier macht sich insgeheim oder offen Gedanken über seinen Tod. Ein idealer Kundenstamm!«

»Nein, schreiben Sie nicht dorthin. Wir räumen das weg …«

Plötzlich ging es schnell mit meinem Termin. Ich bekam die Krankenakte in die Hand gedrückt und wurde in die Röntgenabteilung geschickt, um dort zu warten. Einen Prospekt aber hatte ich eingesteckt. Natürlich würde ich an das Unternehmen schreiben!

Meine Gedanken schweiften umher, während ich mich ins Warten schickte. In den vergangenen Wochen hatte mein Körper sich ein wenig erholt. Die Dumpfheit war immer mehr gewichen, Alyscha wurde nicht länger zusammengeschlagen. Die Ärzte hatten mir versichert, dass ich die Bestrahlung »wegstecken« würde nach allem, was mein Körper schon ausgehalten hatte.

Nichtsdestotrotz hatte ich mich gründlich informiert. Zum einen wollte ich wissen, was mit mir geschah, soweit ich dazu in der Lage war, es zu verstehen; zum anderen hatte ich kein unbegrenztes Vertrauen in solcherlei Bemerkungen. Ich zog es inzwischen vor, best- wie schlimmstmögliche Szenarien abzustecken und gewappnet zu sein.

Dass dies ein Ding der Unmöglichkeit war, sollte sich allzu bald zeigen.

Eine ganze Weile wartete ich auf die Computertomographie, die notwendig für eine genaue Bestrahlungsplanung war. Die Daten der einzelnen Aufnahmen würden direkt auf den Computer übertragen werden; später würden der Radioonkologe und ein Physiker die zu bestrahlende Region sowie die erforderliche Dosis an Strahlen anhand dessen exakt bestimmen.

Sosehr mich die Technik der Strahlenbehandlung gefangen nahm, erschöpfte mich das Warten. Es war ein zugiger Platz. Links an der Wand hing ein Wegweiser: ZENTRUM FÜR STRAHLENSCHÄDEN las ich. Na fein ... Geradeaus ging es zum Aufzug, der hinab in den Strahlenkeller führte. In regelmäßigen Abständen wurden Patienten in Rollstühlen oder Betten an mir vorbeigefahren. Bestrahlt wurde hier nämlich nicht nur kurativ, also um zu heilen, sondern auch, um Schmerzen bei jenen Krebskranken zu lindern, deren Leiden als unheilbar galt.

Waren mir bei der Chemotherapie noch regelmäßig Frauen begegnet, die allesamt gehen konnten und eine Aussicht auf Heilung oder zumindest Lebensverlängerung besaßen, bot sich hier ein ganz anderes Bild. Da saß ich und versuchte zu verarbeiten, was ich mit ansah, als eine alte Frau in ihrem Bett an mir vorbeigeschoben wurde. Sie hatte kein Haar mehr auf dem Kopf, die Augen lagen tief in den Höhlen und waren geschlossen. Ihr Gesicht war ausgemergelt, es wirkte wie das einer Toten. Am hageren Körper trug sie ein gebügeltes, rotweiß gepunktetes Nachthemd. Dieses Nachthemd, so frisch, so sauber und fröhlich in seinen Farben und Punkten, stand in derart augenfälligem Kontrast zu dem Zustand der Frau, dass es schmerzte. Neben dem Bett ging eine jüngere Frau her, wohl die Tochter, und hielt die Hand der Sterbenskranken.

Das Bild brannte sich in mein Gedächtnis ein. Unauslöschlich, bis heute.

Und je mehr Kranke an mir vorbeidefilierten, desto klarer wurde mir, dass Krebs zu haben nicht nur hieß, unter Umständen früher zu sterben. Es ging auch darum, auf welche Weise man starb.

Nach der CT und weiteren Stunden des Wartens und Nachdenkens fand die Simulation der Bestrahlung statt. Wie in einem schlechten Film wurde ich tief in den Keller geführt, wo den Sicherheitsvorschriften gemäß die Strahlenabteilung untergebracht war. Niedrig waren die Decken, und ein beständiges Summen ging von den Geräten aus. Kein natürliches Licht fiel hier herein. Immerhin waren die Gänge leer.

Ich wartete in einem kleinen Bereich mit billigen Zeitschriften. Warum nur war die Behandlung mit Strahlen derart befrachtet? Kaum ein Patient sprach dankbar oder gar fröhlich über die Bestrahlung, obgleich sie für nicht wenige die einzige Therapie darstellte und oftmals Heilung brachte. Vielleicht war es die Nichtgreifbarkeit der Strahlen, gepaart mit einer vagen Angst vor dem Unbekannten, Erinnerungen an Hiroshima, an Tschernobyl. Die Menschen fürchteten Verbrennungen, Strahlenkater, Spätfolgen. Ich hatte mich kundig gemacht; Angst hatte ich einzig und allein davor, ob die Nebenwirkungen Dumpfheit und Übelkeit mit sich brachten. Je mehr ich über die Bestrahlung herausgefunden hatte, desto spannender erschien mir die Technik. Also legte ich mich mit einer gehörigen Portion Neugier auf den Behandlungstisch. Den Berechnungen des Computers zufolge wurden die Gerätschaften auf mich eingestellt. Meine Hauptaufgabe bestand darin, stillzuhalten und den Arzt nicht mit bohrenden Fragen von seiner Arbeit abzulenken.

Als sämtliche Bestrahlungsfelder bestimmt waren, machte sich der Radioonkologe daran, sein künstlerisches Talent zu erproben. Mit breiten Edding-Stiften in Schwarz und Rot malte er die Ränder der Felder auf meinem Körper nach. Dann durfte ich mich ankleiden und gehen.

Abends, zu Hause. Allein vor dem Spiegel …

Ich betrachtete die Feldeinzeichnungen. Dicke schwarze Ränder, rote Linien auf meiner Brust, wie Brandmarken, Spuren des Krebses. Schwarze und rote Felder, rechteckig, sich überlappend. Wie konnte etwas derart … Nichtiges so verletzend sein?

Am nächsten Morgen brachte ich die erste von achtundzwanzig Bestrahlungen hinter mich. Eine Kamera und eine Sprechanlage verbanden mich mit dem Schwesternzimmer. Sie waren installiert, um den Patienten die unbestimmte Angst vor der Bestrahlung zu nehmen. Und doch lenkten sie durch ihr Vorhandensein die Aufmerksamkeit überhaupt erst auf mögliche oder eingebildete Gefahren.

In wenigen Minuten war die Behandlung überstanden.

Als ich aus der U-Bahn stieg, begegnete mir Tom.

»Und, wie war's? Alles klar mit dir?«

Ich war gerührt, dass er sich erinnerte. Vielleicht hatte er mir ja wirklich die Daumen gehalten.

Schnell fand ich mich ein in die neue Routine. Morgen für Morgen ging es zur Bestrahlung, nur das Wochenende war frei. Meine Abneigung wuchs. Ich konnte duschen, zwar nicht ausgiebig, aber immerhin. Die Sonne Andalusiens hatte meine Haut ein wenig abgehärtet; in den Dünen hatte ich mich heimlich nackig gesonnt. Noch war die Haut von der Bestrahlung nur leicht gerötet und juckte ein wenig, doch dagegen half ein Puder. Ich gab mir Mühe, mich gut zu ernähren und viel, viel Wasser zu trinken.

Doch es fehlte mir immer mehr an Elan. Ich war müde und abgespannt; irgendetwas schwer Fassbares geschah mit meinem Körper. Und erst die Wartezimmergespräche …

Manchmal hatte ich den Eindruck, in einer Brutstätte für Sensationsreporter zu sitzen. Jede fünf Minuten ein neues Schicksal, eines betrüblicher als das andere. Auch hier hatten sich Seilschaften gebildet, doch sie waren denkbar schlecht ausgerüstet, und viele stürzten ab. Wir Frauen in der Chemo haben das besser gemeistert, dachte ich mir. Mehrere Patienten mit Kehlkopfkrebs saßen unter den Wartenden, man erkannte sie an der geröteten Haut am Hals. Ein junger Mann, er mochte nicht einmal dreißig sein, verfiel zusehends. Schon ging er an Krücken, weil er nicht mehr die Kraft hatte, einen Fuß vor den anderen zu setzen. Es gab auch Frauen, die wie ich an Brustkrebs erkrankt waren; manche hatten kurzes Haar, ein, zwei Zentimeter lang, andere hatten sich übermäßig geschminkt und sahen aus, als gingen sie zur Modenschau. Das war ihre Art, sich nicht unterkriegen zu lassen.

Am Wochenende holte ich Lara vom Bahnhof ab. Die Ferien waren zu Ende, sie hatte viel erlebt und quoll fast über vor Eindrücken. Alma nahm den nächsten Zug zurück. Ich wollte ihr nicht sagen, wie bedrückt ich war. Wie die Ärzte glaubte auch sie, dass mir die Bestrahlung nach allem, was mein Körper schon hinter sich hatte, nicht viel ausmachte. Ich hatte beschlossen, sie erst einmal in dem Glauben zu lassen.

Keinesfalls wollte ich meine Umgebung überstrapazieren. Es war Ende April; zehn Monate zuvor hatte ich den Tumor getastet, und seither trieb ich in tiefem Gewässer und ruderte mit den Armen, als gelte es, den Atlantik zu durchqueren. Meist war ich über Wasser, aber ich musste mich anstrengen dafür, konnte mir nicht erlauben innezuhalten. Die See war zu rau.

Mir war es immer schwer gefallen zu nehmen, und langsam wurde es Zeit für mich, meiner Umgebung nicht weiter zur Last zu fallen. Wie sehnte ich mich danach, Kraft zu haben für andere. Lara, Alma, Nellie und Marie – sie alle waren zu kurz gekommen in den vergangenen Monaten, als ich mich darauf konzentriert hatte, nicht unterzugehen.

Doch mit jeder Bestrahlung zog ich mich ein Stück mehr in mich zurück. Kapselte mich ab, schwieg mich aus. Mit jeder Bestrahlung hatte ich ein wenig mehr das Gefühl, unter Wasser gezogen zu werden. Hatte ich mich nach Kräften wieder hochgearbeitet, brach bereits der neue Morgen an und mit ihm eine weitere Bestrahlung. Es war mühsam, so mühsam.

Am allermeisten wünschte ich mir, allein zu sein, Lara nicht bei Laune halten zu müssen. Auch für sie wurde die Zeit lang, während ich krank war. Im Grunde war ich mehr wie eine Großmutter für sie, die man liebt, die einen verwöhnt und zu sich auf den Schoß zieht, um vorzulesen oder Geschichten zu erzählen.

In der Schule gab man gut auf sie Acht. Ich hatte mit ihrem Lehrer und den Eltern ihrer Freundinnen gesprochen. Manchmal hatte ich das Gefühl, als fliehe sie morgens regelrecht aus unserer Wohnung in die Welt der Zahlen, Geschichten, Kameraden. Dort konnte sie wachsen, dort verlief das Leben in gewohnten Bahnen.

Alma schrieb uns, sie vermisste Lara. Die beiden schmiedeten Pläne für die Pfingstferien. Pfingsten … dann wäre alles vorbei, dieser ganze Albtraum mit seinem Schmerz und seinen eigentümlichen Segnungen. Dann hätte ich Zeit für mich, sieben Tage, zehn Tage. Anschließend hätte ich gewiss wieder Kraft, das Leben zu meistern. Bis Pfingsten noch, das würde ich schaffen …

Nach zwei Wochen musste ich ein Blutbild machen lassen. Dr. Peter sah mich aufmerksam an. Mir machen Sie nichts vor, besagte ihr Blick.

»Sie müssen sich schonen«, sagte sie laut, und es klang wie eine Frage.

»Pfingsten. Dann fährt meine Tochter wieder zu meiner Schwester, und ich habe endlich ein wenig Zeit, um mit allem klarzukommen.«

»Strengt die Bestrahlung Sie sehr an?«

Ich überlegte. »Es ist eher psychisch, auch wenn ich fürchterlich müde bin. Aber all die Geschichten rundherum machen mich fertig. Ich verliere mich darin. So wie die meisten Patienten sich in Ausweglosigkeit verlieren.«

»Hat Ihnen denn keiner gesagt, wie belastend eine Bestrahlung ist?«

»Nein … Die Ärzte meinten, ich werde sie wegstecken nach der langen Zeit der Chemotherapie.«

Dr. Peter schüttelte unwirsch den Kopf, dann legte sie den Kopf schräg und sah mich an. »Es ist eine große Belastung für den Körper. Tag für Tag bekommt er eine Dosis Strahlen ab. Er will heilen, aber am nächsten Tag erfolgt schon wieder die nächste Bestrahlung.«

Diese Vergeblichkeit, in der mein Körper steckte, spürte ich nur zu sehr, Tag für Tag. Um mich herum, in mir selbst.

Am Abend rief ich Alma an. Lara hatte Heimweh nach ihr, doch ihr ging es schlecht. Sie hatte starke Bauchkrämpfe und konnte vor Schmerzen kaum sprechen. Ich machte mir Sorgen.

»Ruf doch einen Arzt!«, bat ich sie.

Alma wiegelte ab. »Ich nehme noch ein Schmerzmittel, da muss ich durch.« Sie weinte. Wie ich, wie unser Vater hatte sie immer das Gefühl gehabt, mit allem allein fertig werden zu müssen.

Es war zwecklos, mit ihr zu diskutieren. Keiner wusste, was sie plagte, kein Arzt hatte je etwas herausgefunden. Die Schmerzen mussten bohrend und heftig sein. Seit beinahe zwei Jahren lebte sie zeitweise von pürierter Kost und Schmerztabletten. Ich versprach, sie den nächsten Tag wieder anzurufen.

Am nächsten Morgen, nach der Bestrahlung, durchfuhr mich Sorge. Was, wenn es diesmal ernster wäre, wenn Alma stürbe? Ein flüchtiger Gedanke, schmerzlich, von Angst besetzt. Tod … Wahrscheinlich war um mich herum einfach viel zu viel Tod.

Die alte Frau, deren Nachthemd so rein und frisch gewesen war, hatte ich nicht mehr gesehen. Der junge Mann, ganz ohne Haare, ohne Wimpern, so wie ich im November, kam jetzt immer im Rollstuhl daher, seine alte Mutter schob ihn. Die Frau mit der verbrannten Kehle musste noch eine weitere Serie Bestrahlungen über sich ergehen lassen. Und der Mann, der vergangene Woche umgekippt war, war auch nicht mehr aufgetaucht. Neue Gesichter hatten die alten ersetzt. Tod, überall war Tod.

Nach der morgendlichen Bestrahlung trat ich in das Blumengeschäft, das neben dem Krankenhaus lag, und kaufte mir einen kleinen Ginkgo. Im alten China hatte der Fächerblattbaum als heilig gegolten. Er war ein lebendes Fossil, Zeichen dessen, was überdauert.

Zu Hause stellte ich ihn auf den Balkon. In die Kästen säte ich Mohn.

Stunden später läutete das Telefon, es war Gina. Sie weinte. Dann sprach sie. »Alma … Alma ist tot.«

KAPITEL 11

Ende und Anfang

Gefrorne Tropfen fallen
Von meinen Wangen ab:
Ob es mir denn entfallen,
Dass ich geweinet hab'?

Franz Schubert,
Die Winterreise

Erste Schritte, erste Worte. Der erste Streit. Erste Geheimnisse, anvertraut, weitererzählt … Erste Kämpfe. Die erste (und einzige) Zigarette. Der erste Schwips. Erste Mädchengeheimnisse. Erste Liebschaften …

An all das hatte sich meine Schwester besser erinnert als ich.

Sie war die Hüterin der Vergangenheit gewesen, hatte gewusst, welche Großtante an welchem Tag gestorben war, wann und wo meine Eltern sich kennen gelernt hatten und was meine Mutter in den Jahren vor ihrem Tod gedacht und erlebt hatte. Sie hatte all die Geschichten gehütet und sie verwaltet. Und mit ihnen Fotoalben, Möbel und alte Kleider.

Es war nicht einfach so, dass jemand starb, den man liebte. Es starben auch die Geschichten. Es starb auch die Familie.

Zeit verstrich, bis ich Fotos von ihr hervorholen, sie betrachten konnte. Darauf umwehte sie immer ein Stück Wehmut. Vielleicht über ein Leben, das sie nicht hatte führen können, aber wollen. Einsamkeit umgab sie wie ein Mantel; manchmal wurde er anderen zur Last gelegt, viel zu oft ihr selbst. Ihr letztes Foto. Ostern, erst Ostern. Sie lachte, der Mantel aus Einsamkeit war fadenscheinig geworden. Lara und sie hatten Pläne für die nächsten Ferien geschmiedet.

Ihre letzte Karte, eine Woche vor ihrem Tod. »Deine Alma vermisst dich so doll!!!«, hatte sie meiner Tochter geschrieben. Laras Liebe war in den vergangenen Monaten gleich einer sachten Bö über sie hinweggefegt, war unter den Mantel gedrungen, als hätte sie ihn nie getragen. Die beiden hatten auch schlimm gestritten. Aber wenn Alma wieder gefahren war, dann hatte sich Lara an sie gehängt und sie umarmt. »Du sollst nicht fahren. Ich hab meine Alma so lieb!«

Als ich daran dachte, war ich zum ersten Mal froh über den Krebs. Zwar hatte er das letzte Jahr meiner Schwester beschwert, sie manches Mal überfordert. Aber er hatte ihr Laras Liebe und Nähe geschenkt. Und das Gefühl, dringend, ganz dringend gebraucht zu werden.

Es war nicht einfach so, dass eine Schwester starb. Es starb auch eine Freundin. Wir hatten viel gekämpft. Doch das letzte Jahr hatte uns aneinander geschmiedet.

Lara schrie einen Tag und eine Nacht lang. Ich hielt sie. Den nächsten Morgen weinte sie, doch sie ging in die Schule. Meine Schwester war ihr ein Ersatzvater gewesen.

Nun begriff sie die Wucht eines Verlusts, die einen trifft, wenn jemand stirbt, fühlte sie am eigenen Leib. Tod wurde Wirklichkeit.

Wir fuhren zur Beerdigung nach Frankfurt. Alma wurde im Grab meiner Eltern beigesetzt.

Eigentlich wäre ich an der Reihe gewesen, dachte ich. Vage Schuld kauerte in einer Ecke meines Bewusstseins. So als wäre der Tod vorbeigekommen und hätte sich die Falsche gegriffen.

»Es kommt doch immer anders, als man denkt«, sagte eine nahe Verwandte zu mir. Vielleicht hätte ich mich entschuldigen sollen, dass ich noch lebte.

Und so stand ich am Grab, Lara auf dem Arm. Regen fiel auf Maigrün, Vögel zwitscherten.

Lara und ich gingen nach der Beerdigung in Almas Wohnung. Über der Wanne hing ihre saubere Wäsche. Ich faltete ihre Hemden und legte sie in die Schublade. Eines nahm ich mit, es roch nach ihr. Vielleicht hatte sie es getragen, als wir das letzte Mal miteinander telefoniert hatten. Sie hatte geweint wegen ihrer starken Bauchkrämpfe. Eine Darmperforation hatte sie einen Tag später das Leben gekostet.

Schon seit Jahren war sie immer wieder krank gewesen, doch keiner hatte herausgefunden, was sie gequält hatte, es war kein Krebs, kein Morbus Crohn gewesen. Vor zwei Jahren hatte ich erstmals Sorge gehabt, sie könne sterben. Doch es schien, als habe sie gewartet, bis meine Therapie zu Ende, beinahe zu Ende war.

Wieder in München. Auf dem Balkon ertrank der Ginkgo im Regen. Wolken formten Alyschas Gesicht. Tod, wo ist dein Stachel?, flüsterte sie in den Wind.

Für alle, die sie zurückgelassen hatte, hatte Almas Tod nichts Erhebendes. Wie es wohl für sie gewesen war? Ach, mögen tausend Engel sie willkommen heißen und in ein Reich aus Licht führen, dachte ich.

Tod eines Lieben, das war auch immer Verlassenwerden. Eine unbekannte Macht nahm einem ein Wesen, das man als unverzichtbar für das eigene Leben betrachtete. Anders als bei einem Geliebten, der ging, war es kein Sterben von Illusionen. Dafür war es endgültig, so schrecklich endgültig.

Mit dieser Endgültigkeit hatte Lara am meisten zu kämpfen. Es war der erste Tod eines Menschen, den sie geliebt und gebraucht hatte und der für immer gegangen war.

Noch wusste sie nicht, dass die Zeit eine mächtige Verbündete war.

Als mein Vater gestorben war, war es mir ähnlich ergangen. Anfangs hatte ich nicht daran geglaubt, die Schwere auf meinem Herzen könne irgendwann leichter werden; den Gedanken, ihn nie wieder zu sehen, hatte ich kaum ertragen. Doch Zeit war vergangen, und mit den Jahren hatte ich wieder gelacht und geliebt, gefeiert. Hatte mich in Liebe an ihn entsonnen …

»Et quand tu seras consolé (on se console toujours)
tu seras content de m'avoir connu.«

»Und wenn du dich getröstet hast (man tröstet sich immer),
wirst du froh sein, mich gekannt zu haben.«

Dieses Geheimnis verriet mir Saint-Exupérys Kleiner Prinz. Doch es würde dauern. Auch Lara würde es lernen müssen.

Vorerst aber spürte sie nichts anderes als die ungebändigte Wucht ihrer Trauer und unverhohlenen Zorn.

»Wenn ich tot bin und Alma im Himmel treffe, dann kriegt sie Kloppe«, sagte sie. »Für jeden Tag, den sie zu früh gestorben ist. Warum musste sie schon mit zweiundfünfzig sterben? Andere werden doch auch alt, sie hätte doch auch mit sechzig sterben können!«, empörte sie sich.

Wider Willen musste ich lachen.

Lara ging es besser, wenn sie zornig war. Dann sprühten ihre Augen, und sie ballte die Hände zu Fäusten. Wag du bloß nicht auch noch, mich zu verlassen!, sagte ihr Blick*.

Im März noch hatte ich gedacht, ich könne mit ihr an einen Punkt gelangen, an dem sie mich los- und in Frieden gehen ließe. Ich hatte einen Film gesehen über tibetische Bestattungsriten. Während der Sterbende das klare Licht des Todes erfuhr und sein Bardo-Wesen den Körper verließ, feierten die Menschen um ihn herum diesen heiligen Vorgang; sie ließen ihn ziehen im Gedenken an eine baldige Wiedergeburt. Und sein Körper, die Hülle, wurde in den kalten Gestaden des Himalaja den Geiern überantwortet.

Wie anders wäre mein Leben verlaufen, hätte ich diese Sicht gehabt, dachte ich damals.

Lara war Meilen entfernt davon, mich loszulassen. Ungeheurer Druck baute sich in mir auf, jetzt, da meine Schwester nicht mehr lebte. Lara hätte zu ihr gekonnt, wenn ... wenn der Krebs seine Scheren nach mir ausstrecken und mein Leben einfordern sollte. Das war nun anders. Ich musste gesund werden, unbedingt, um jeden Preis.

Marie machte sich Sorgen um mich. Ich traf sie an einem verregneten Maitag in unserem Stammcafé.

»Du musst auch an dich denken«, sagte sie. »Du hast eine Schwester verloren. Und du warst sehr krank.«

---

* Während ich dieses Buch schrieb, fragte ich Lara, ob ich Almas Tod erwähnen solle. Es war eine sehr private Angelegenheit für mich, und ich hielt sie lange unter Verschluss. Mir fehlte sie so, meine Schwester, meine Freundin. Lara sann nach. Schließlich sagte sie: »Doch, Mama, die Leute sollen ruhig wissen, dass es einem ganz, ganz schlecht gehen kann und dass es dann trotzdem wieder besser wird. Dass man den anderen noch immer fest vermisst, man aber nicht mehr so schlimm weint.«

Sie hatte ja Recht. Und sie gebrauchte die Vergangenheitsform. Konnte es wirklich sein, dass der Krebs Vergangenheit war?

»Weißt du, der Tod ist gerade allgegenwärtig«, erzählte ich ihr. »Jeden Morgen, wenn ich zur Bestrahlung gehe, sehe ich Menschen, die immer mehr verfallen. Heute kam ein Mann, der noch einunddreißig Kilo wog. Er erzählte von seinem Hund, einem Retriever. ›Gestern Abend ist mein Hund mit mir spazieren gegangen‹, sagte er.«

»Aber es gibt auch Leute, die gesund werden. Vergiss das nicht.«

Ich blickte aus dem Fenster auf spielende Kinder. Dann erzählte ich ihr von dem Film über die Geierbestattung.

»Glaubst du an Wiedergeburt?«, fragte sie mich.

Ich sann nach. Etwas hatte sich in mir gewandelt, seit ich das Tor gesehen hatte, damals im Jahrhundertsommer, als das A-Taxol mein Herz hatte rasen und stolpern lassen.

»Lange Zeit habe ich geglaubt, dass unsere Seele weiterzieht. Dass sie sich inkarniert, und nicht nur hier auf der Erde, sondern als seelische Kraft in ganz anderen Seinsformen. Dass es kein Ende gibt, nur Anfänge.«

Sie nickte. »Aber?«

»Du weißt ja, ich suche immer nach Entsprechungen im äußeren Leben, nach Spiegeln auf anderen Ebenen. Es kann doch gar nicht sein, dass innen nicht gleich außen ist. Es müssen doch gleiche Gesetze gelten.« Ich fischte ein Buch über den Ursprung des Universums aus meiner Tasche. Ich hatte es mir wegen der Bilder gekauft – gigantische Aufnahmen des Hubble-Teleskops. Manche von ihnen erinnerten an die Fotos aus Lennart Nilssons Bildband »Ein Kind entsteht«.

»Hier, hör mal …

> »Wenn ein Stern am Ende seines Lebens seinen gesamten Brennstoff verbraucht hat, kann er bei ausreichender Größe explodieren und verstreut dann die in seinem Inneren entstandenen und im Verlauf der Explosion erzeugten Elemente in das umliegende Weltall. Diese schweren Elemente reichern sich in Wolken aus Staub und Gas an, bilden neue Sterne, in denen wieder Elemente erzeugt werden …«
>
> (aus: J. Gribbin, S. Goodwin, Der Ursprung des Universums, S. 26)

Marie sah mich nachdenklich an. »Du meinst, nichts geht verloren, aber nichts ist so, wie es zuvor war …«

»Genau. Wenn unsere Sonne stirbt, ist die Erde nicht gleich der Erde, wenn sie einst wieder geboren wird. Vielleicht hat sie Partikel in sich vom Mars, von irgendeinem Asteroiden … du weißt, was ich meine.«

»Das bedeutet, dass auch unsere Seele zerfällt und sich neu formiert …«

»Castañeda hat in seinen ›Lehren des Don Juan‹ etwas ganz Ähnliches gesagt. Er hat seinen Schüler gedrängt, er müsse ein Meister werden, da sonst seine Seele zerstiebe … Ich habe es damals nicht verstanden, als ich es las. Aber wenn ich es mit sterbenden Sternen vergleiche, fange ich an zu begreifen. Auch andere Meister lehren etwas in der Art.«

Wie sich herausstellte, hatte sich der kleine Prinz unabhängig davon ganz ähnliche Gedanken gemacht.

Vielleicht war es ja so, dass, wenn man starb, ein Kern von einem blieb und sich andere Partikel, Seelenpartikel, um einen sammelten. Dass man lernen konnte, seine Seele zu bündeln, bis sie aufging in der Kraft, die alles erschaffen hatte …

»Es wird ein Geheimnis bleiben«, meinte Marie.

»Ja, ein Geheimnis. Das ist das Wesen von Toren. Man muss sie durchschreiten, um zu wissen, was wirklich dahinter liegt.«

»Aber noch nicht jetzt. Schau dir doch erst mal an, was so alles davor liegt. Sonst stehst du auf der anderen Seite des Tors und hast in der Summe genauso viele offene Fragen …« Sie wandte den Blick auf die Karte. »Nimmst du noch ein Eis zum Nachtisch?«

Die folgenden Bestrahlungen brachte ich wie in Trance hinter mich. Als die allerletzte Hürde genommen war, wartete ich vergeblich, dass Erleichterung sich einstellte, ein Siegestaumel, alle Hürden genommen zu haben. Almas Tod überschattete unser Leben.

Zugleich forderte der Alltag mich zurück. Die Monate, in denen ich wenig gearbeitet hatte, hatten ein empfindliches Loch in unsere Kasse gerissen. Ich meldete mich zurück ins Leben und nahm so viele Aufträge an wie irgend möglich.

Es war eine zerbrechliche Zeit. Ich sehnte mich nach Alleinsein, um Altlasten abzutragen – aber wohin mit Lara?

Drei Monate später stand die erste Nachuntersuchung in der Klinik an. Sorge trieb mich um, doch die Wahrscheinlichkeit, dass sich jetzt schon etwas auf den Röntgenbildern zeigte, war eher gering.

Nach der Mammographie wartete ich auf demselben Stuhl, auf dem alles begonnen hatte. Als schließe sich der Kreis …

Der Radiologe rief mich ins Untersuchungszimmer. »Die Mammographie ist in Ordnung!«, sagte er, noch bevor ich ihm die Hand gereicht hatte.

Er war ein großer Mann, vielleicht Ende vierzig, und man spürte, dass er sich seiner Verantwortung nur zu bewusst war und bereit, diese zu tragen. Man spürte aber auch, dass es außer der Klinik noch andere Dinge gab, die sein Leben und sein

Wesen ausmachten. Kraft ging von ihm aus und Ehrlichkeit. Er kannte sich gut aus mit den Ängsten seiner Patientinnen; er ließ sie keine Sekunde zu lange auf das Ergebnis warten. Es war auch nicht notwendig, in seiner Miene nach Ausflüchten zu forschen, nach Dingen, die er vor einem versteckte, um sie im Lauf des Gesprächs preiszugeben. Sein Ton barg Klarheit und Verständnis – und keine schlecht verhohlenen Halbwahrheiten. Hier wusste ich, woran ich war. Hier könnte ich Vertrauen fassen.

Als ich die Klinik verließ, fiel mir ein Stein vom Herzen.

Das muss ich Alma erzählen!, dachte ich und wollte zum Telefon greifen.

KAPITEL 12

Wieder im Leben

Wieder im Leben,
wieder dabei.
Jahre des Wandels,
der Einsiedelei.

Stürme und Flauten.
Nur eines ist klar:
Alles ist anders –
und doch wie es war …

Irgendwas hält dich.
Doch es tut weh:
Dieses Werde und Stirb.
Dieses Blüh' und Vergeh'.

Trotzdem, ein Windhauch
genügt zu verstehn.
Bäume im Nebel.
Verzauberte Seen …

Konstantin Wecker,
Am Flussufer

Es war Sommer geworden. Eine mühsame Wegstrecke lag hinter mir. Mehr als ein ganzes Jahr war ins Land gegangen, seit ich den Krebs unter meiner Haut getastet hatte. So fühlt sich der Tod an, hatte ich damals gedacht.

Das also war das Leben.

Ich sah aus wie eine ständig erschöpfte Frau, die sich aus unerfindlichen Gründen die Haare radikal abgeschnitten hatte, einziges sichtbares Zeichen der harten Zeit, die hinter mir lag. Und es war noch immer hart, wenn auch aus anderen Gründen. Alma fehlte uns. Die Monate, die seit ihrem Tod verstrichen waren, hatten daran nichts geändert. Vielleicht war es hart, weil ich mich seither zwang, Disziplin aufzubringen, um meine kleine Familie zurück in die Normalität zu lenken, und weil ich es ganz allein tun musste. Manchmal, manchmal nur wurde ich still und ließ los. Dann spürte ich, wie tief in mir eine nie gekannte Sehnsucht nach Leben brodelte, dionysisch fast. Ich wollte das Dasein bei den Hörnern packen, mir Mut vorgaukeln und nach allem greifen, das sich mir bot, jetzt, in diesem Augenblick. Morgen – das war doch nichts als eine Illusion und viel zu schnell vergangen …

Zugleich war ich so müde. Ich hatte das Gefühl, als fehle mir ein Stück meiner Lebenskraft. Ich musste an einen Kuchen denken, den man aufschneidet, bevor der Besuch kommt, um unauffällig ein schmales Stück zu stibitzen. Ganz wird er nicht mehr, gleich, wie geschickt man die verbliebenen Stücke arrangiert. Und noch fühlte auch ich mich eines Stückes beraubt.

Bei meinem ersten Krebs hatte ich mir eine Liste mit Wünschen erstellt, Dinge, die ich so gern noch erleben wollte. Darauf griff ich auch jetzt zurück, obgleich die Liste einer Dreißigjährigen eine andere ist als die einer Vierzigjährigen. Was wollte ich unbedingt noch erleben? Auf dieser Erde sehen, erfahren? Ich musste nicht lange nachdenken. Ins Tal der Könige reisen. Wale sehen. Mischa Maisky noch einmal musizieren hören.

Der Gedanke, mir Träume und Wünsche zu erfüllen, spornte mich an, ich arbeitete und sparte und arbeitete und sparte. Dabei wusste ich durchaus, dass die Gegenwart alles in sich barg, was ich brauchte und was mich erfüllte. Ich müsste nur innehalten, den Augenblick gewahren. Den Tag zelebrieren. Im Grunde war ich bereit dazu, so wie ich bereit war, diese Welt zu verlassen.

Allerdings sah meine nächste Umgebung das anders. Lara sperrte sich, trotzte, keifte auf Straßen und Plätzen, als könne sie mich festhalten, indem sie sich mir in den Weg stellte und mir das Zelebrieren gehörig vermieste. Und ihre Rechnung ging auf. Ich geriet in ihre Fußfesseln und vergaß, wie sehr ein Teil von mir sich nach der Ewigkeit sehnte.

Sie hatte viel durchgemacht für ihre acht Jahre. Ich verspürte bohrende Schuldgefühle, krank geworden zu sein. Aber wenn es gut ging mit mir, so dachte ich, welche Botschaft hatte sie dann mit auf den Weg bekommen! Sie hatte aus nächster Nähe miterlebt, dass man schwere Zeiten aushalten und ihnen Sinn und Glück abgewinnen kann. Dass es gilt, den Augenblick auszukosten – und dass alles vorübergeht. Alles …

Und so stritten wir und kämpften, und ich versicherte ihr auf diese Weise, dass ich lebte und wieder Kraft hatte. Und sie liebte.

Im September erfüllte ich mir Punkt zwei meiner Liste und fuhr mit Lara auf die Azoren – verwunschene Flecken inmitten des Meers. Wir wanderten durch einsame Täler. Die Wege waren Tunnel aus Hortensien, und in den trockenen Flussbetten wucherten Farne und Trichterwinde.

Am Morgen vor der ersten Walbeobachtungsfahrt war ich so voller Aufregung wie ein Mädchen bei seiner ersten Verabredung. Im Hafen von Ponta Delgada lag das Boot, schmal und schnell. Am Ruder stand Manolo, ein rundlicher Einheimischer, dessen Blick voller Humor war und von der Liebe zu den Walen sprach. Bald brausten wir über die spiegelglatte See. Als wir die südliche Küste Saõ Miguels hinter uns ließen, klingelte sein Handy. Von seinem Unterstand auf den Klippen aus hatte der Beobachtungsposten einen Pottwal gesichtet. Manolo nahm Kurs gen Südosten. Leise Aufregung breitete sich an Bord aus, alle suchten wir das Meer ab.

»Da!«, rief Lara. Und tatsächlich: In der Ferne erahnten wir eine Fontäne und dann eine zweite! Langsam näherte sich das Boot unserem Ziel. Manolo stellte den Motor ab, und wir schauten gebannt nach Steuerbord. Wie versinkende Inseln ragten die Rückgrate zweier Pottwale aus dem Meer. Ehrfurcht erfasste mich angesichts der Ruhe, die sie verströmten. Wasser stob aus Blaslöchern und glitzerte im Sonnenlicht. Es berührte mich, sie atmen zu hören, langsam und gleichmäßig, wie ein Mantra dessen, was sie beseelte.

Dann schließlich, als sei ihnen das Beobachtetwerden für diesen Tag genug, führten sie ihre mächtigen Schwanzflossen vor und tauchten ab in die Tiefe.

Keiner an Bord sprach ein Wort. Viel später, als ich schlafen ging, meinte ich noch immer ihr Atmen zu hören. Ich war glücklich.

Am nächsten Tag begegneten wir jagenden Delfinen. Das Boot nahm Kurs gen Osten, um die Tiere nicht zu stören. Wenig später begleitete uns eine Schule Großer Tümmler. Manolo stellte den Motor ab. Während wir lautlos dahintrieben, sprangen die Delfine um das Boot und vollführten ihre Kapriolen. Mir ging das Herz auf.

«Anybody likes to swim with the dolphins?«, fragte Manolo in breitem Amerikanisch.

Ich sah zu Lara hinüber; die spuckte bereits in ihre Taucherbrille. Wenig später sprangen wir zwei ins Wasser. Über tausend Meter tief war das Meer hier und leuchtend ultramarin. Durch die Taucherbrille sah ich, wie mehrere Delfine sich unter uns sammelten. Ein unvergleichliches Bild! Dann hörte ich sie klicken und pfeifen – und sie tauchten ab. Lara war kalt geworden, sie kletterte an Bord.

Ich aber war von einer unbestimmten Aufregung erfasst, als wüsste ich, dass noch etwas auf mich wartete. Stumm sandte ich die Bitte in die Tiefe, die Delfine möchten sich mir noch ein Mal zeigen.

Ich schwamm ein kleines Stück, als dicht neben mir ein Schatten vorbeiglitt. Unversehens waren zwei Große Tümmler unter mir und lugten nach oben. Einer der beiden drehte sich auf den Rücken. Unwillkürlich tat ich es ihm gleich. Wie zur Belohnung schwamm ein weiterer Delfin dicht an mir vorbei, ganz dicht.

Ein unbeschreibliches Glücksgefühl erfasste mich, gekrönt von dem Wissen, wie tief unten ich ein Jahr zuvor noch gewesen war. Nun aber war ich mit freien Delfinen geschwommen und hatte zwei Wale gesehen. Ich hatte mir einen Lebenstraum erfüllt! Hätte ich doch nur Alma davon erzählen können.

Wieder zu Hause, plagten mich Rückenschmerzen. Sie wurden beständig stärker, sodass ich sie nicht länger ignorieren konnte. Allen Vorbehalten zum Trotz ging ich zum Orthopäden, hatte ich doch eine starke Allergie gegen jegliche Arztbesuche entwickelt.

Einfach nur einrenken, dachte ich. Noch wusste ich nicht, dass Krebskranke im Zweifelsfall einer besonderen Behandlung unterzogen und schon bei jedem Bauchgrummeln in die Röhre geschickt werden.

»Ich kann Sie nicht einfach so einrenken«, vernahm ich denn auch zu meiner Enttäuschung. »Wir werden Sie röntgen, um auszuschließen, dass sich etwas gebildet hat.« Weise Worte, doch ich fragte mich, ob es Fürsorge war, die daraus sprach. Und hörte der Arzt denn nicht die Alarmglocken, die in mir schrillten? Die gellende Angst, die ich verbarg, während ich mich routiniert röntgen ließ und auf den Befund ... wartete?

»Das gefällt mir nicht«, brummelte der Orthopäde schließlich. »Dort scheint sich etwas gebildet zu haben. Das muss abgeklärt werden.« Lauter: »Tina, vereinbaren Sie bitte einen Termin für einen Kernspin. Wann passt es Ihnen denn?«

»So bald wie möglich«, sagte ich schnell. Angst paarte sich mit Zorn. Ich wollte nicht *warten*. Wenn ich Gott wäre, so hätte ich längst dieses Wartenmüssen unterbunden. Dieses unmenschliche Schweben zwischen Bangen und Hoffen. Diesen unerträglichen Zustand, entwürdigt gefangen, so ausgeliefert dem, was ist und was man nicht weiß, noch nicht weiß.

Ich bekam einen Termin am selben Tag um 14 Uhr. Hetzte nach Hause, stellte einen Joghurt und einen Saft für Lara auf den Tisch. Wählte hektisch die Nummern von Bekannten, die auf sie aufpassen könnten. Um keinen Preis wollte ich sie dabeihaben. Nach dem vierten Anrufbeantworter gab ich auf. Sie war schon öfter eine Stunde oder auch eineinhalb allein zu Hause geblieben.

Ich sprang unter die Dusche. Es klingelte – Lara.

»Ich muss schnell zum Arzt. Bleibst du allein zu Hause? Ich bin bald wieder zurück.«

»Wie lange dauert es denn?«

»Etwa so lange wie ein Pippi-Langstrumpf-Film.«

»Wie lange höchstens?«

Ich wurde nervös. Lara spürte meine Angst.

»Ich komm mit«, beschloss sie.

»Das geht nicht ...« In mir schrie alles danach, allein zu sein. Ich konnte nicht darüber reden. Ich wollte nur das Warten ... warten worauf??? ... hinter mich bringen. Nicht jetzt schon, dachte ich panisch. Nicht jetzt schon wieder eine Chemo!

Und *genau das* war es: die Angst, wieder in diese Schlucht aus Chemikalien zu geraten, zermürbt zu werden von Eibe und beißend rotem Doxorubicin.

Lara ließ nicht locker. »Ich will aber mit!«

Ich versuchte es ihr zu erklären, beteuerte ihr, sie werde sich doch nur langweilen, verhaspelte mich. In mir waren keine Bilder mehr von Entkommen, geschweige denn mütterliche Sanftmut. Ich fing an zu schreien.

»Ich kann dich nicht mitnehmen!«

»Ich geh aber mit!«, schrie Lara zurück. Mit der Kraft einer aufbegehrenden Achtjährigen stellte sie sich mir in den Weg.

Also gut, dann eben nicht. Ich atmete tief durch. Verschob den Termin, grollend, weil ich noch länger würde WARTEN müssen.

Die folgenden zwei Tage trieb ich immer wieder an die Gestade der Angst. Ich erzählte niemandem davon. Irgendwo wartete eine Erkenntnis auf mich, doch es war zu laut in mir, als dass ich sie hätte fassen können.

Endlich kam der Tag der Untersuchung, gefürchtet und willkommen zugleich. Nach dem Kernspin musste ich auf den Befund warten, »Zwanzig Minuten«, hatte die Sprechstundenhilfe gesagt.

Zwanzig Minuten noch, dachte ich. Und während mein Blick auf die teuren Kunstdrucke an der Wand fiel, ohne mehr zu gewahren als Farben, viel zu grell und gewollt, wandelte sich etwas in mir. Ich vermochte nicht zu sagen, was diesen Zustand auslöste. Wie ein irre im Kreis laufendes, gefangenes Tier, das sich endlich niederlegt, hielt auch ich inne. Das Annehmen dessen, was sein würde, schloss die Käfigtür auf.

Ich hatte Glück, ich war allein. Keiner lenkte mich ab mit Wartezimmergesprächen, immer bedrückend und schnell vergessen. Und so wurde ich Zeuge, wie meine Gedanken aufhörten zu kreisen.

Ruhe breitete sich in mir aus. Ich hatte Wale gesehen. War mit Delfinen geschwommen. Wenn ich wirklich schon Metastasen habe, dachte ich, dann …

… habe ich noch Zeit, Lara ein neues Nest bei Gina zu bauen.

… das Meer zu sehen.

… Mischa Maisky zu hören. Er würde im Dezember wieder ein Konzert in München geben. Das würde ich schaffen.

Und ich könnte noch Abschied nehmen von meinen Freunden. Gelassenheit schlich sich in mein Denken, verweilte dort.

Ich wurde ins Sprechzimmer gebeten. Die Aufnahmen meiner Brustwirbelsäule bedeckten eine Wand. Der hagere Arzt deutete auf ein besonders gelungenes Abbild.

»Ich erkenne hier keine Anzeichen von Metastasen. Dort hat sich eine knöcherne Spange gebildet, was …«

Ich hörte nicht weiter zu. Kaum konnte ich fassen, was ich da geschenkt bekam. *Zeit* … So viel Zeit!

Zwei volle Monate lagen vor mir bis zur nächsten Untersuchung. Alltag kehrte ein. Während mein Körper langsam regenerierte, schöpfte ich Kraft aus der Gelassenheit, die ich in mir gefunden hatte. Doch etwas stimmte nicht, etwas fehlte. Mit den Tagen, die verstrichen, rückte das Erhebende in den Hintergrund. Aus zwei Monaten Frist wurden bald eineinhalb, die Gelassenheit wich dem Getriebensein.

Ich muss das Meer sehen!, dachte ich. Wenn es eine weitere Frist gäbe, nach der nächsten Untersuchung, würde ich nach Ägypten reisen, ins Tal der Könige. Und danach …

Die Hast hielt mich wieder in ihren Fängen. »Ich will noch …«, flüsterte sie mir ein, und mit jedem Tag, den die kommende Untersuchung näher rückte, klang ihre Stimme fordernder.

Es wurde November. Ich hatte zu viel gearbeitet und beschloss, für eine Woche mit Lara nach La Palma zu fahren. Vor Jahren hatte ich die Insel schon einmal besucht und war ihrem sattgrünen Zauber verfallen. Die feuchte Luft tat meiner Lunge gut. Seit der Bestrahlung hustete ich viel.

Einige Tage nach unserer Ankunft machten wir einen Ausflug. Den Norden der Insel hatte ich noch nicht gesehen, doch was heißt sehen: Würzig war die Luft von Pinien und Mimosen, und wenn ich die Augen schloss, hörte ich Wasser fallen und Echsen rascheln.

Ein Freund begleitete uns, Jacobo. Wir hatten schon so manchen Ausflug mit ihm unternommen. Seine Anwesenheit schenkte mir Schutz und Geborgenheit. Aus seinen Augen sprach die Liebe zu seinem Land und noch mehr zur Weite des allgegenwärtigen Horizonts. Was mochte er sehen, wenn er auf das Meer blickte? Wenn seine Augen den Streifen zwischen Himmel und Wasser berührten? Wo mochte sein Blick enden?

»Ich war lange nicht hier«, sagte ich.

Schweigend liefen wir ein kleines Stück. Unter uns wanden sich wildgrüne Barrancos, steinernen Fluchten gleich, Geheimnisse bergend. Wehmut erfasste mich nach einer Zeit, als Alma noch gelebt hatte. Einer Zeit, in der ich noch hatte träumen können von morgen und übermorgen und den Jahren danach.

Ein Falke stand in der Luft. Jacobo schloss zu mir auf; er schien zu spüren, dass mich etwas bewegte. Ich zuckte die Achseln und deutete hilflos auf mein kurzes Haar. Drei Zentimeter, auf die ich doch so stolz gewesen war …

»Das ist unwichtig«, sagte er in samtenem Spanisch. »Wichtig ist, dass du hier bist, dass du glücklich bist.«

Kein großartiger Satz, auch wenn die fremde Sprache ihm eine verborgene Bedeutung verlieh. Und er mitten aus dem Herzen kam.

Wer sichergehen und sich nicht verlieben will, der sollte es vermeiden, sich des Nachts zu zweit den Sternhimmel auf La Palma anzusehen. Das wusste ich damals nicht.

Als Lara schlief und von kleinen Geckos und Trompetenfischen träumte, trafen Jacobo und ich uns zu einem Spaziergang am Meer, beschützt von den Sternen. Über uns hingen ungezählte Punkte von Licht und Leben im schwarzblauen Raum. *Las estrellas*. Im Angesicht des Alls hatte die Stille einen Klang, ich spürte den sanften Sog der Weite.

Vertrauen schlich sich ein und breitete sich zaghaft in mir aus. Plötzlich ... plötzlich waren wir wichtig füreinander. Wir sprachen über Träume und was wir uns im Leben wünschten.

Wie anders sind die Träume von Menschen, die noch nicht von der Endlichkeit in ihre Schranken verwiesen wurden. Zukunft – für mich ein kühner Gedanke, Kinderträumen gleich.

Seine Träume von der Zukunft waren so rund und unschuldig – Sehnsüchte bergend und zugleich wie fruchtbarer Boden, der eines fernen Tages eine Blütezeit versprach.

Ich hingegen dachte an die Wüste. »Ich fahre nächsten Monat nach Ägypten«, sagte ich. Ja, das Tal der Könige gehörte schließlich zu den Zielen, die auf meiner Wunschliste standen.

Auch Jacobo wünschte sich, Ägypten zu sehen, eine unbestimmte Sehnsucht nach den Geheimnissen aus alter Zeit zu stillen. Kurzerhand lud ich ihn ein. Doch wie unterschieden sich unsere Wünsche.

Seiner glich einem Traum, den man sich zwar erfüllen mag, doch nicht so bald, weil die Sehnsucht des Wünschens dazugehört und der Traum noch nicht enden soll, nicht jetzt schon, nicht gleich.

Er indes konnte nicht wissen, dass schließlich infrage stand, ob mein Lebensabonnement zum 1.12. verlängert werden würde oder nicht. Dass ich am 1.9. geschätzte dreißig zukünftige Jahre meines Lebens umständehalber komprimiert hatte auf drei Monate, die ich ziemlich sicher in der Tasche hatte. Wenn alles gut ging, würde ich das Gleiche am 1.12. tun, aber bis zum 1.3. konnte ich noch nicht denken, das wäre mir geradezu vermessen erschienen.

Wie hätte er auch ahnen sollen, dass ich beschleunigt lebte, leben musste, dass alles mich drängte, das Leben aufzusaugen und es gleichzeitig zu meiden, um es ja nicht so lieb zu gewinnen. Dass ein hinterlistiger Dieb gekommen war, eines Nachts in jenem viel versprechenden Jahrhundertsommer, der nach trockenen Kastanienblättern gerochen hatte – dass ein Dieb gekommen war und mir die Gedanken an die Zukunft geraubt hatte.

Ich war panisch, und ich war schüchtern. Es wäre zu früh gewesen, gemeinsam zu reisen. Zu zerbrechlich sind diese ersten Begegnungen, wenn zwei Seelen sich nähern.

Jacobo räusperte sich. Unsicherheit lag in seiner Stimme und Zärtlichkeit. »Wir haben noch so viel Zeit vor uns …«

Der falsche Satz. Den Rest hörte ich längst nicht mehr. Meine Ohren verweigerten den Dienst, die Kehle wurde mir eng.

»Ich weiß nicht, ob ich Zeit habe«, murmelte ich in mich hinein und wandte mich ab. *Es war dein zweiter Krebs,* hämmerte eine fiese Stimme in meinen Gedanken.

Ich musste fort! Am liebsten wäre ich gerannt, aber ich hatte Angst, denn dann wäre ich am Ende eingeholt worden.

Da stand ich, vor mir der Horizont und das Meer, schwarz und glänzend und weit, und über mir die fernen Sterne. Raum genug zu atmen, eigentlich.

Ich aber war gefangen und gefesselt. Der Dieb, der mir die Zeit geraubt hatte, hatte mir auch noch Brust und Geist eingeschnürt, mich in Ketten gelegt, ein Schloss einrasten lassen, rostig und böse, und den Schlüssel versenkt. Auf dieser Welt, in diesem Leben würde ich ihn nicht mehr finden. Wann denn auch? Zum Suchen fehlte mir ja die Zeit! Wie ein gemarterter Tanzbär drehten meine Gedanken sich im Kreis.

Du hast doch nicht all das mit so viel Mut durchgestanden, um jetzt zu kneifen, hörte ich die Stimme eines Freundes im Ohr.

Kneifen … nein, das passte nicht zu mir. Meine Wegmarken hatte ich meist dort gefunden, wo die Angst beheimatet war. Die Angst und ein vager Nebel, der sie nur unvollkommen verbarg, diese Dreimonatsfristen …

Warum aber sollte ich mir nicht den Luxus gönnen, sie zu vergessen, hin und wieder?

Ich war vorbereitet auf den Tod. Es war das Leben, mit dem ich nicht zurechtkam. Höchste Zeit, mich darauf einzulassen, irgendwie …

Ich nahm allen Mut zusammen und wandte mich um.

Jacobo war stehen geblieben, er wartete.

Weißgelb fiel das Mondlicht auf schwarzen Sand.

AUSKLANG

Noch gut entsinne ich mich an einen Oktobermorgen des Jahres 2004. Ich saß in einem ehrwürdigen Saal neben dem Prinzregententheater und lauschte Konstantin Weckers Präsentation seines poetisch-aufrührerischen Buches »Der Klang der ungespielten Töne«. Während sein Held A. C. Hüttenbrenner danach trachtete, sich aus den Kerkern des Konsums zu befreien, verwandelte sich mit einem Mal der Raum um mich herum. Ein Jahr zuvor noch hatte ich das Manuskript während der Chemos gelesen. Und plötzlich war auch ich gefangen, doch mein Kerker hatte Schläuche, aus denen Taxol und beißend rotes Doxorubicin in meine Adern flossen. Und alle Poesie um mich zerrann, zerrann zu Panik und Schmerz.

Die Vergangenheit hatte mich eingeholt. Während ich hilflos gefangen da saß und die unverarbeiteten Erinnerungen auf mich einstürmten, wurde mir klar, dass etwas geschehen musste. Vielleicht sollte ich ja darüber schreiben? Über die Ängste und Hoffnungen, die Träume, den Wandel … Kurz entschlossen fragte ich Konstantin Wecker, ob er mir den Titel seines Liedes »Wieder im Leben« leihen möge, und er lächelte und sagte: »Ja, gern!«

So entstand die Idee zu diesem Buch. Doch ich wollte es nicht nur für mich schreiben. Vielmehr soll es Mut machen, als Betroffener nicht aufzugeben und als Mitmensch nicht wegzusehen.

Viele, sehr viele Menschen haben den Krebs überwunden. Auch mir würde heute, zweieinhalb Jahre nach der einst so niederschmetternden Diagnose, keiner mehr ansehen, was hinter mir liegt. Und so wünsche ich allen Betroffenen die Kraft, die Krankheit durchzustehen, wie Phönix aus der Asche zu steigen und sich emporzuschwingen, um sich *das Leben* zurückzuerobern.

Es gibt kein Ende, nur Anfänge.

Und es gibt diesen einen Augenblick, für den es sich lohnt, all das durchzustehen.

Muriel Simon
Im Frühjahr 2006

DANKSAGUNG

Mein Dank gebührt all den Menschen, deren Geschichten in diesem Buch erwähnt sind. Um die Privatsphäre der Einzelnen zu wahren, habe ich mir erlaubt, Namen und charakteristische Einzelheiten abzuwandeln.

Meiner verstorbenen Schwester gedenke ich in Liebe und tiefer Dankbarkeit. Monika Kaul und Christine Kalteis haben mich nach Kräften unterstützt und tun es noch immer. Friedel Wahren danke ich für die einfühlsame Bearbeitung dieses Buches, für ihre Freundschaft, die trockenen Kekse und heiteren Gespräche. Ich weiß, du wärst da, wenn der Krebs weiterginge. Gleiches gilt auch für Annik und Konstantin Wecker – *danke* für alles!

Christine Blunck, Bernhard Gerz und Ele Klippert danke ich von Herzen, dass sie Lin mit aufgefangen haben. Tina Vogl, Ibolya Kiss, Markus Heitz, Hans Werneburg und Jürgen Langowski waren mir treue Freunde auf steinigen Pfaden, Martina Knilling meine Sprachberaterin in mittenwaldlerischen Belangen. Nicola Bartels und Susanne Haffner sowie Roman Hocke und Uwe Neumahr danke ich für die verständnisvolle Unterstützung beim Schreiben dieses Buches.

Y gracias a ti, Jaime. En tus brazos la luz de la luna es amarilla y blanca.

QUELLEN

Asshauer, Egbert: *Tibets sanfte Medizin,* Zürich 2003

Gibran, Khalil. *Der Prophet,* Olten 1992

Gribbin, John/Goodwin, Simon: *Der Ursprung des Universums,* Augsburg 1997

Kästner, Erich: *Erich Kästner erzählt Till Eulenspiegel,* Zürich 1938

Nietzsche, Friedrich : *Spruch aus: Also sprach Zarathustra*

Pschyrembel, Medizinisches Wörterbuch, 257. Ausgabe, Berlin 1993

Reichle, Franz (Hg.): *Das Wissen vom Heilen,* Zürich 2003

Roethlisberger, Linda: *Der sinnliche Draht zur geistigen Welt,* Freiburg 1995 (für das Gedicht aus der Sankt-Pauls-Kirche in Baltimore)

Dschelaladdin Rumi: *Aus dem Diwan,* Stuttgart 1964

Saint-Exupéry, Antoine: *Der Kleine Prinz,* Düsseldorf 1993

Saint-Exupéry, Antoine: (französische Ausgabe) *Le Petit Prince,* Paris 1994

Shakespeare, William: *Sämtliche Werke,* Wiesbaden o. J.

Sogyal Rinpoche: *Funken der Erleuchtung,* Bern/München/Wien 1995

Zusätzlich:

Plakat *Alle Pflanzen sind schön, diese leider aber auch giftig,* Rodach (Wehrfritz) o. J.

Wecker, Konstantin: *Am Flussufer,* CD-Booklet, BMG – Globeart Musicon 2005

Die Kraft der Intuition und der Glaube an sich selbst

Barbara Dussler
UND ENGEL GIBT ES DOCH
Eine 12-Jährige besiegt
den Krebs – mit Mut und
einem starken Helfer
Erfahrungen
304 Seiten
ISBN-10: 3-404-61549-2
ISBN-13: 978-3-404-61549-0

Barbara ist zwölf, ihre Freunde, die Schule und das innige Verhältnis zu ihrer Mutter bestimmen ihr Leben, als sie von ihrer schweren Krankheit erfährt. Tapfer begibt sie sich in die Chemotherapie, um den Lymphdrüsenkrebs zu besiegen, der sich in ihrem Körper ausbreitet. Aber das ist ihr nicht genug. Entschieden sucht sie sich die Hilfe, die sie braucht, auch abseits der Schulmedizin. Es ist ihr »Engel«, der ihr hilft, die Ursache ihrer Erkrankung zu erkennen und zu bekämpfen. Eine starke Persönlichkeit erwacht.